USE THIS PAGE TO TEST WHEN USING MARKERS. PUT UNDER THE DRAWING YOU COLOR JUST TO MAKE SURE IT DOESN'T BLEED ONTO THE NEXT DRAWING WHEN YOU USE FELT, INK OR ANY WATERBASE MARKERS.

YOU CAN USE ACRYLIC PAINT <u>WITHOUT</u> DILUDING IT IN WATER. IT WILL NOT GO THROUGH, BUT IF YOU USE SHARPIE MARKERS BECAUSE OF THE ALCOLHOL CONTENT IT GOES THROUGH THE PAGE.

The paper becomes a bit wrinkled when using acrylic paint, but it gives it a nice effect

It is recommended to test and see

UTILISEZ CETTE PAGE POUR TESTER LORS DE L'UTILISATION DE MARKEURS/FEUTRES. METTEZ-LA SOUS LE DESSIN QUE VOUS COLORIEZ POUR VOUS ASSURER QU'IL NE TRANSFERT PAS L'ENCRE SUR LE PROCHAIN DESSIN. CECI S'APPLIQUE POUR TOUT MARQUEURS, FEUTRES, OU ENCRE.

VOUS POUVEZ UTILISER LA PEINTURE ACRYLIQUE <u>SANS</u> LA DILUER DANS L'EAU, MAIS SI VOUS UTILISEZ DES MARQUEURS 'SHARPIE' EN RAISON DU CONTENU D'ALCOLHOL, LA COULEUR VA SE TRANSFÉRER SUR L'AUTRE PAGE.

Pour l'acrylique, le papier va gondoler un peu et donnera un effet intéressant

Il est recommandé de tester pour voir

BEAUTIFUL AND MAGICAL OTTAWA

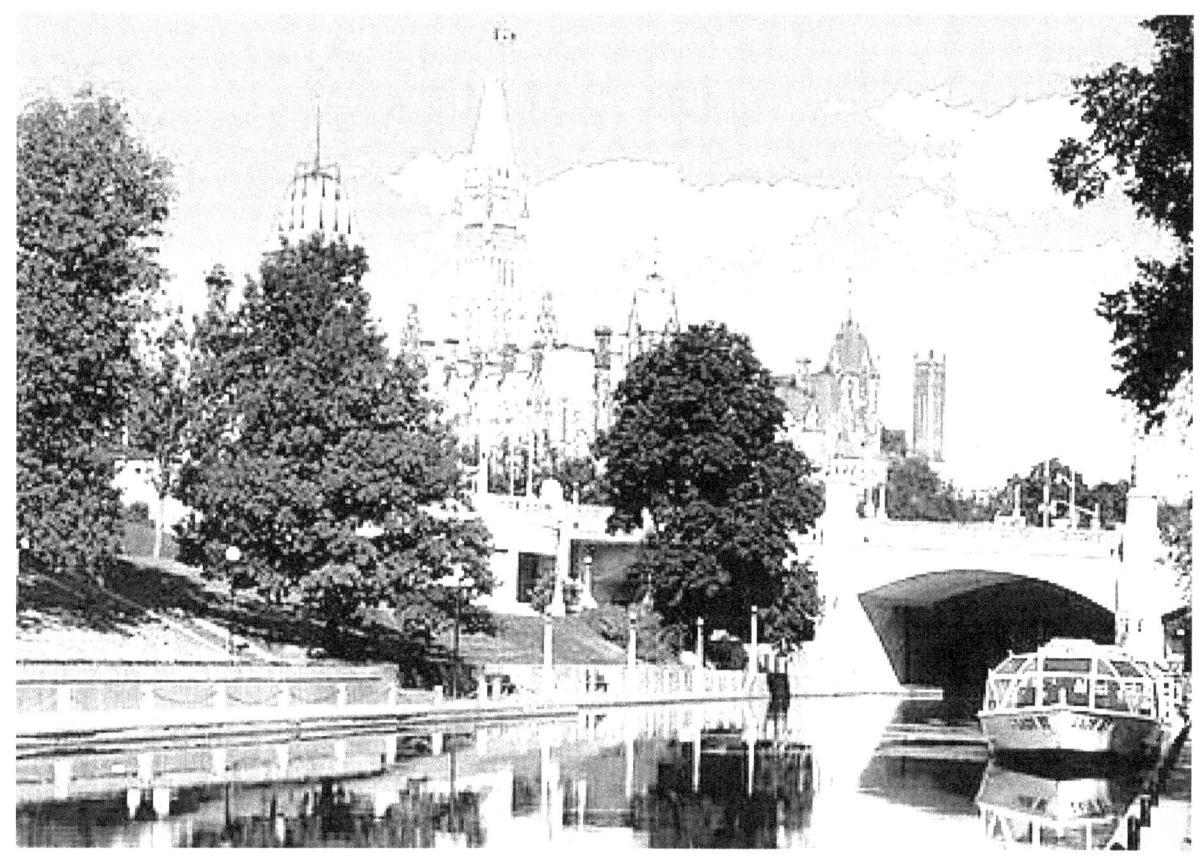

THIS BOOK IS AN ARTISTIC INTERPRETATION OF NANCY BÉLIVEAU ON THE CITY OF OTTAWA

CE LIVRE EST UNE INTERPRETATION ARTISTIQUE DE NANCY BÉLIVEAU SUR LA VILLE D'OTTAWA

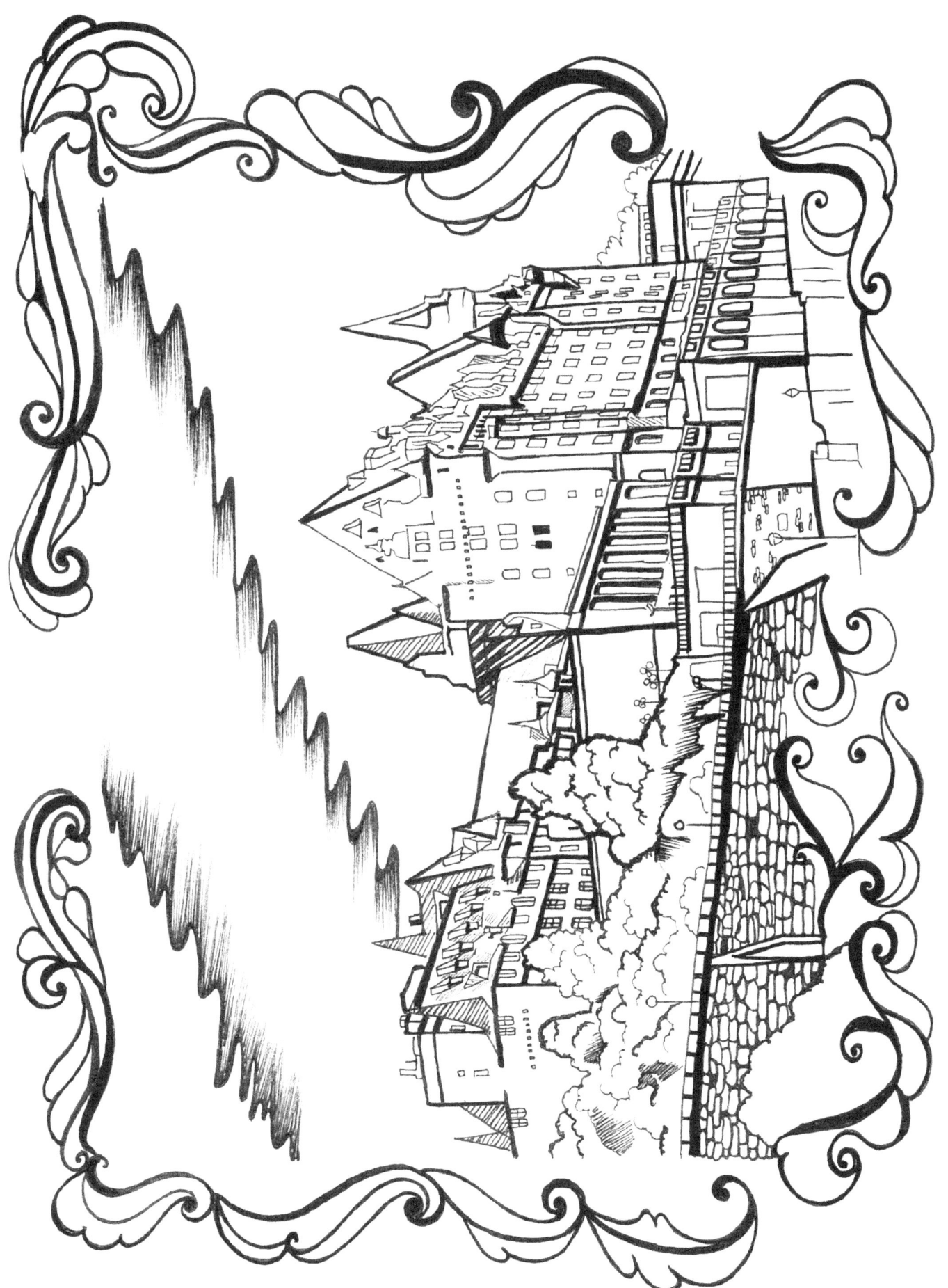

The Parliament of Canada

The Parliament of Canada is the federal legislature of Canada, seated at Parliament Hill in Ottawa, the national capital. The body consists of the Canadian monarch, represented by a viceroy, the Governor General; an upper house, the Senate; and a lower house, the House of Commons.

Each element has its own officers and organization. By constitutional convention, the House of Commons is dominant, with the Senate and monarch rarely opposing its will. The Senate reviews legislation from a less partisan standpoint and the monarch or viceroy provides royal assent to make bills into law.

The Governor General summons and appoints the 105 senators on the advice of the Prime Minister, while the 338 members of the House of Commons—called members of parliament (MPs)—each represent an electoral district, commonly referred to as a *riding*, and are directly elected by Canadian voters.

The Governor General also summons Parliament, while either the viceroy or monarch can prorogue or dissolve Parliament, the latter in order to call a general election. Either will read the Throne Speech.

The most recent Parliament, summoned by Governor General David Johnston in 2015, is the 42nd since Confederation.

Le Parlement du Canada

Le Parlement du Canada est l'assemblée législative fédérale du Canada, assise sur la colline du Parlement à Ottawa, la capitale nationale. Le corps est constitué du monarque canadien, représenté par un vice-roi, le gouverneur général; une chambre haute, le Sénat; et une chambre basse, la Chambre des communes. Chaque élément a ses propres officiers et organisation.

Par convention constitutionnelle, la Chambre des communes est dominante, le Sénat et le monarque s'opposant rarement à sa volonté. Le Sénat examine la loi d'un point de vue et le monarque ou vice-roi donne la sanction royale pour faire adopter des projets de loi.

La gouverneure générale convoque les députés à la Chambre des communes en tant que membres de la Chambre des communes (députés), chacune représentant un district, appelé communément circonscription, et étant directement élues par les électeurs canadiens.

Le gouverneur général convoque également le Parlement, tandis que le vice-roi ou le monarque peut être élu au Parlement, ce dernier lors d'élections générales. Chacun lira le discours du trône.

Le plus récent Parlement, le gouverneur général David Johnston en 2015, est le 42e depuis la Confédération.

(Source: Wikipedia)

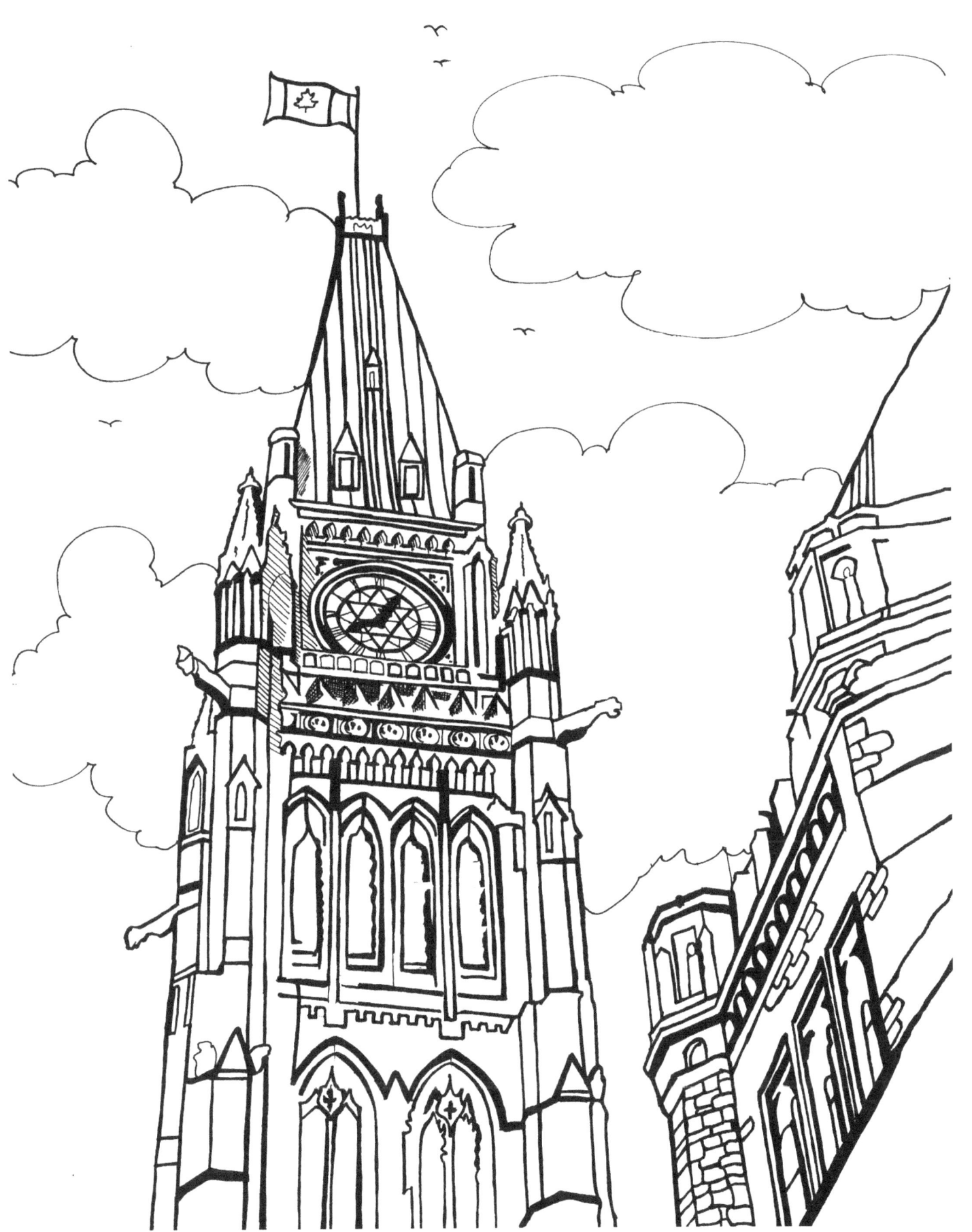

A bit of History… – Un peu d'Histoire…

Following the cession of New France to the United Kingdom in the 1763 Treaty of Paris, Canada was governed according to the Royal Proclamation issued by King George III in that same year. To this was added the Quebec Act, by which the power to make ordinances was granted to a governor-in-council, both the governor and council being appointed by the British monarch in Westminster, on the advice of his or her ministers there. In 1791, the Province of Quebec was divided into Upper and Lower Canada, each with an elected legislative assembly, an appointed legislative council, and a governor, mirroring the parliamentary structure in Britain.

During the War of 1812, American troops set fire to the buildings of the Legislative Assembly of Upper Canada in York (now Toronto). In 1841, the British government united the two Canadas into the Province of Canada, with a single legislature composed of, again, an assembly, council, and governor general; the 84 members of the lower chamber were equally divided among the two former provinces, though Lower Canada had a higher population. The governor still held significant personal influence over Canadian affairs until 1848, when responsible government was implemented in Canada.

The actual site of parliament shifted on a regular basis: From 1841 to 1844, it sat in Kingston, where the present Kingston General Hospital now stands; from 1844 until the 1849 fire that destroyed the building, the legislature was in Montreal; and, after a few years of alternating between Toronto and Quebec City, the legislature was finally moved to Ottawa in 1856, Queen Vistoria having chosen that city as Canada's capital in 1857.

À la suite de la cession de la Nouvelle-France au Royaume-Uni dans le traité de Paris de 1763, le Canada était gouverné conformément à la Proclamation royale promulguée par le roi George III cette même année. À cela s'ajoutait l'Acte de Québec, qui conférait le pouvoir de prendre des ordonnances à un gouverneur en conseil, le gouverneur et le conseil étant nommés par le monarque britannique à Westminster, sur l'avis de ses ministres. En 1791, la province de Québec est divisée en Haut et Bas Canada, chacun avec une assemblée législative élue, un conseil législatif nommé et un gouverneur, à l'image de la structure parlementaire en Grande-Bretagne.

Pendant la guerre de 1812, les troupes américaines incendièrent les bâtiments de l'Assemblée législative du Haut-Canada à York (aujourd'hui Toronto). En 1841, le gouvernement britannique réunit les deux Canadas dans la province du Canada, avec une seule législature composée à nouveau d'une assemblée, d'un conseil et d'un gouverneur général. Les 84 membres de la chambre basse étaient répartis à parts égales entre les deux anciennes provinces, bien que la population du Bas-Canada soit plus élevée. Le gouverneur exerça encore une influence personnelle importante sur les affaires canadiennes jusqu'en 1848, année de la mise en place du gouvernement responsable au Canada.

Le site actuel du Parlement changeait régulièrement: de 1841 à 1844, il siégeait à Kingston, où se trouve actuellement l'hôpital général de Kingston; de 1844 jusqu'à l'incendie de 1849 qui a détruit le bâtiment, la législature était à Montréal; et, après quelques années d'alternance entre Toronto et Québec, la législature fut finalement transférée à Ottawa en 1856, la reine Victoria ayant choisi cette ville comme capitale du Canada en 1857.

(Source : Wikipedia)

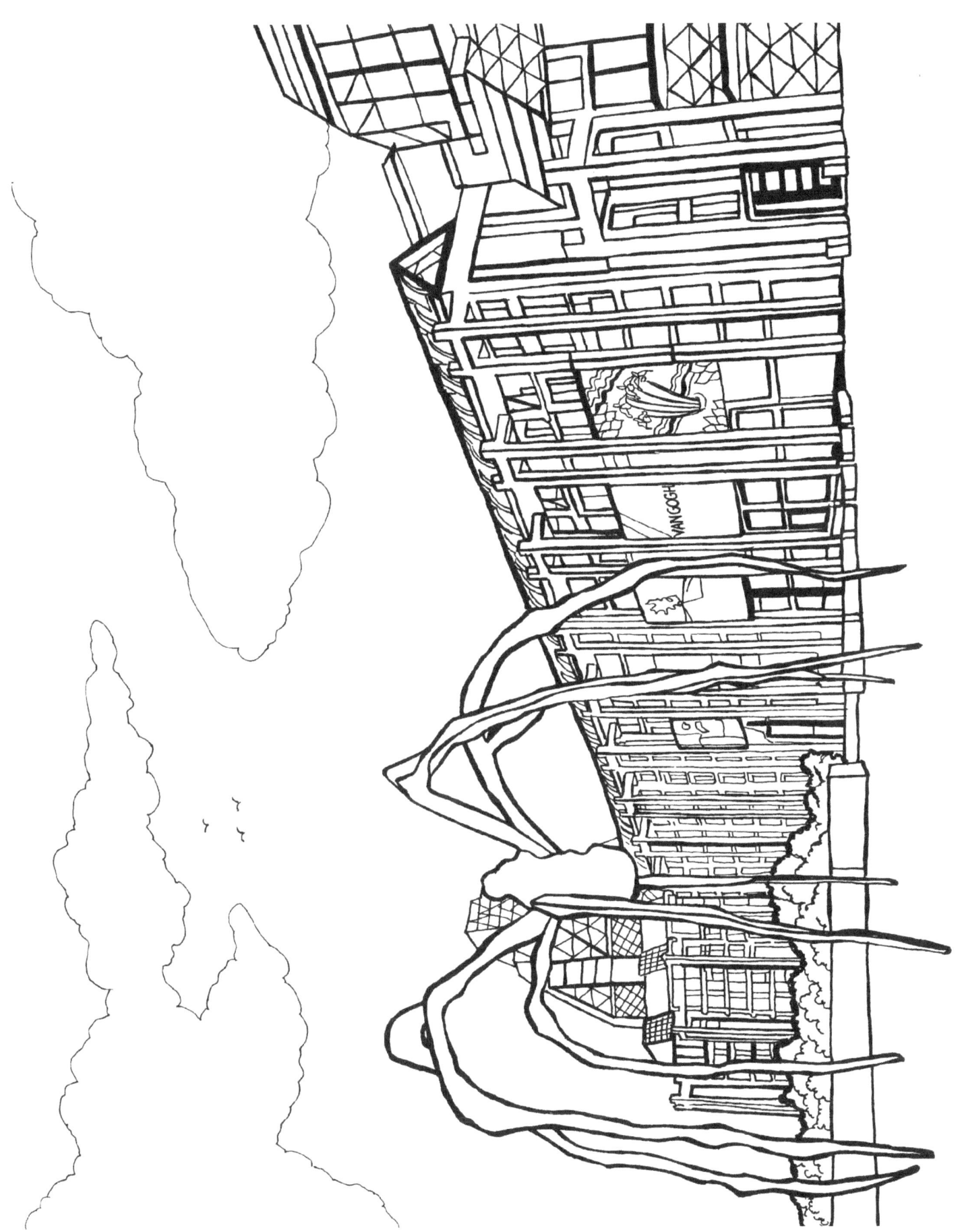

The Gallery

was first formed in 1880 by Canada's Governor General, John Campbell, 9th Duke of Argyll, and, in 1882, moved into its first home on Parliament Hill in the same building as the Supreme Court. In 1911, the Gallery moved to the Victoria Memorial Museum, now the home of the Canadian Museum of Nature. In 1913, the first *National Gallery Act* was passed, outlining the Gallery's mandate and resources.

The Spider statue :

Maman (1999) is a bronze, stainless steel, and marble sculpture by the artist Louise Bourgeois. The sculpture, which depicts a spider, is among the world's largest, measuring over 30 ft high and over 33 ft wide (927 x 891 x 1024 cm). It includes a sac containing 32 marble eggs and its abdomen and thorax are made of ribbed bronze. (Go under the belly of the spider and you will see the sac). The title is the familiar French word for *Mother* (akin to *Mummy*). The sculpture was created by Bourgeois as a part of her inaugural commission of The Unilever Series (2000), in the Turbine Hall at London's Tate Modern. This original was created in steel, with an edition of six subsequent castings in bronze. The sculpture picks up the theme of the arachnid that Bourgeois had first contemplated in a small ink and charcoal drawing in 1947, continuing with her 1996 sculpture *Spider*. It alludes to the strength of Bourgeois' mother, with metaphors of spinning, weaving, nurture and protection. Her mother Josephine was a woman who repaired tapestries in her father's textile restoration workshop in Paris. When Bourgeois was twenty-one, she lost her mother to an unknown illness. A few days after her mother's passing, in front of her father (who did not seem to take his daughter's despair seriously), Louise threw herself into the Bièvre River; he swam to her rescue.

'The Spider is an ode to my mother. She was my best friend. Like a spider, my mother was a weaver. My family was in the business of tapestry restoration, and my mother oversaw the workshop. Like spiders, my mother was very clever. Spiders are friendly presences that eat mosquitoes. We know that mosquitoes spread diseases and are therefore unwanted. So, spiders are helpful and protective, just like my mother.' — *Louise Bourgeois*

La Gallerie

a été créée en 1880 par le gouverneur général du Canada, John Campbell, 9e duc d'Argyll, puis, en 1882, a déménagé dans son premier domicile sur la colline du Parlement, dans le même édifice que la Cour suprême. En 1911, la galerie déménage au Victoria Memorial Museum, qui abrite maintenant le Musée canadien de la nature. En 1913, la première loi sur la galerie nationale a été adoptée, définissant son mandat et ses ressources.

La statue d'araignée :

Maman (1999) est une sculpture en bronze, en acier inoxydable et en marbre de l'artiste Louise Bourgeois. La sculpture, qui représente une araignée, est l'une des plus grandes au monde, mesurant plus de 30 pieds de haut et plus de 33 pieds de large (927 x 891 x 1024 cm). Il comprend un sac contenant 32 œufs de marbre. Son abdomen et son thorax sont en bronze côtelé. (Allez sous le ventre de l'araignée et vous verrez le sac). The title is the familiar French word for *Mother* (akin to *Mummy*). The sculpture was created by Bourgeois as a part of her inaugural commission of The Unilever Series (2000), in the Turbine Hall at London's Tate Modern. This original was created in steel, with an edition of six subsequent castings in bronze. The sculpture picks up the theme of the arachnid that Bourgeois had first contemplated in a small ink and charcoal drawing in 1947, continuing with her 1996 sculpture *Spider*. It alludes to the strength of Bourgeois' mother, with metaphors of spinning, weaving, nurture and protection. Her mother Josephine was a woman who repaired tapestries in her father's textile restoration workshop in Paris. When Bourgeois was twenty-one, she lost her mother to an unknown illness. A few days after her mother's passing, in front of her father (who did not seem to take his daughter's despair seriously), Louise threw herself into the Bièvre River; he swam to her rescue.

'The Spider is an ode to my mother. She was my best friend. Like a spider, my mother was a weaver. My family was in the business of tapestry restoration, and my mother oversaw the workshop. Like spiders, my mother was very clever. Spiders are friendly presences that eat mosquitoes. We know that mosquitoes spread diseases and are therefore unwanted. So, spiders are helpful and protective, just like my mother.' — *Louise Bourgeois*

(Source : Wikipedia)

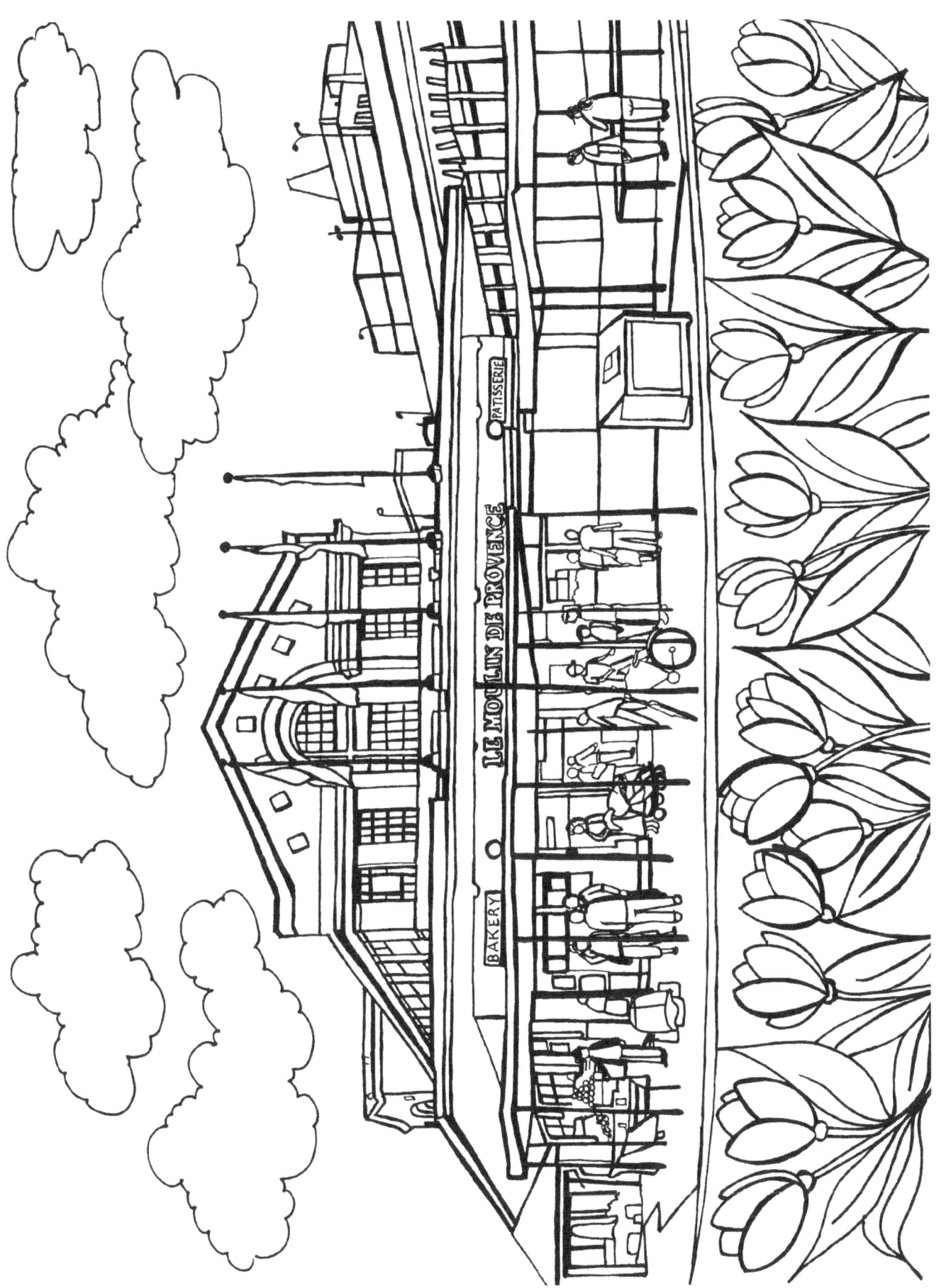

Byward Market

ByWard Market is a district in Lower Town, Ottawa, located east of the government and business district, surrounding the market buildings and open-air market on George, York, ByWard and William streets. The district is bordered on the west by Sussex Drive and Mackenzie Avenue, on the east by Cumberland Street. It stretches northwards to Cathcart Street, while to the south it is bordered by Rideau Street. The name refers to the old 'By Ward' of the City of Ottawa ('By' deriving from the surname of the engineer, Lt-Colonel John By, who was the area's original surveyor). The district comprises the main commercial part of the historic Lower Town area of Ottawa. According to the Canada 2011 Census, the population of the area was 3,063. The market itself is regulated by a City of Ottawa municipal services corporation named Marchés d'Ottawa Markets, which also operates the smaller west-end Parkdale Market. The corporation is run by a nine-member board of directors. The market building is open year-round, and open-air stalls are operated in the warmer months offering fresh produce and flowers. (Source: Wikipedia)

'While you're in the heart of the city don't miss the opportunity to visit the historical ByWard Market. Unique eclectic shops, boutiques and restaurants offer something for everyone. Experience the small neighbourhood feel in secluded courtyards or find high quality, trend setting products on our bustling streets. Unique shops, restaurants and nightclubs surround a thriving outdoor market featuring fresh flowers, fruits and vegetables and local artisans.' (Source: Ottawatourism.ca)

Marché By

Le marché By est un quartier de la Basse-Ville, à Ottawa, situé à l'est du gouvernement et du quartier des affaires. Il entoure les bâtiments du marché et le marché en plein air des rues George, York, ByWard et William. Le district est bordé à l'ouest par la promenade Sussex et l'avenue Mackenzie, à l'est par la rue Cumberland. Il s'étend vers le nord jusqu'à la rue Cathcart, tandis qu'au sud, il est bordé par la rue Rideau. Le nom fait référence à l'ancien « By Ward » de la ville d'Ottawa (« By » dérivé du nom de l'ingénieur, le lieutenant-colonel John By, qui était l'arpenteur d'origine de la région). Le quartier comprend la principale partie commerciale du quartier historique de la basse ville d'Ottawa. Selon le recensement de 2011 du Canada, la population de la région était de 3 063 habitants.
Le marché lui-même est réglementé par une société de services municipaux de la Ville d'Ottawa appelée Marchés d'Ottawa, qui exploite également le plus petit marché Parkdale situé dans l'ouest de l'Ouest. La société est dirigée par un conseil d'administration composé de neuf membres. Le bâtiment du marché est ouvert toute l'année et des stands à ciel ouvert sont exploités pendant les mois les plus chauds et proposent des produits frais et des fleurs. (Source: Wikipedia)

'Pendant que vous êtes au cœur de la ville, ne manquez pas l'occasion de visiter le marché historique ByWard. Boutiques éclectiques uniques, boutiques et restaurants offrent quelque chose pour tout le monde. Découvrez le petit quartier dans une cour isolée ou trouvez des produits tendance de haute qualité dans nos rues animées. Des boutiques, des restaurants et des discothèques uniques entourent un marché en plein air florissant proposant des fleurs fraîches, des fruits et légumes et des artisans locaux.'
(Source: Ottawatourism.ca)

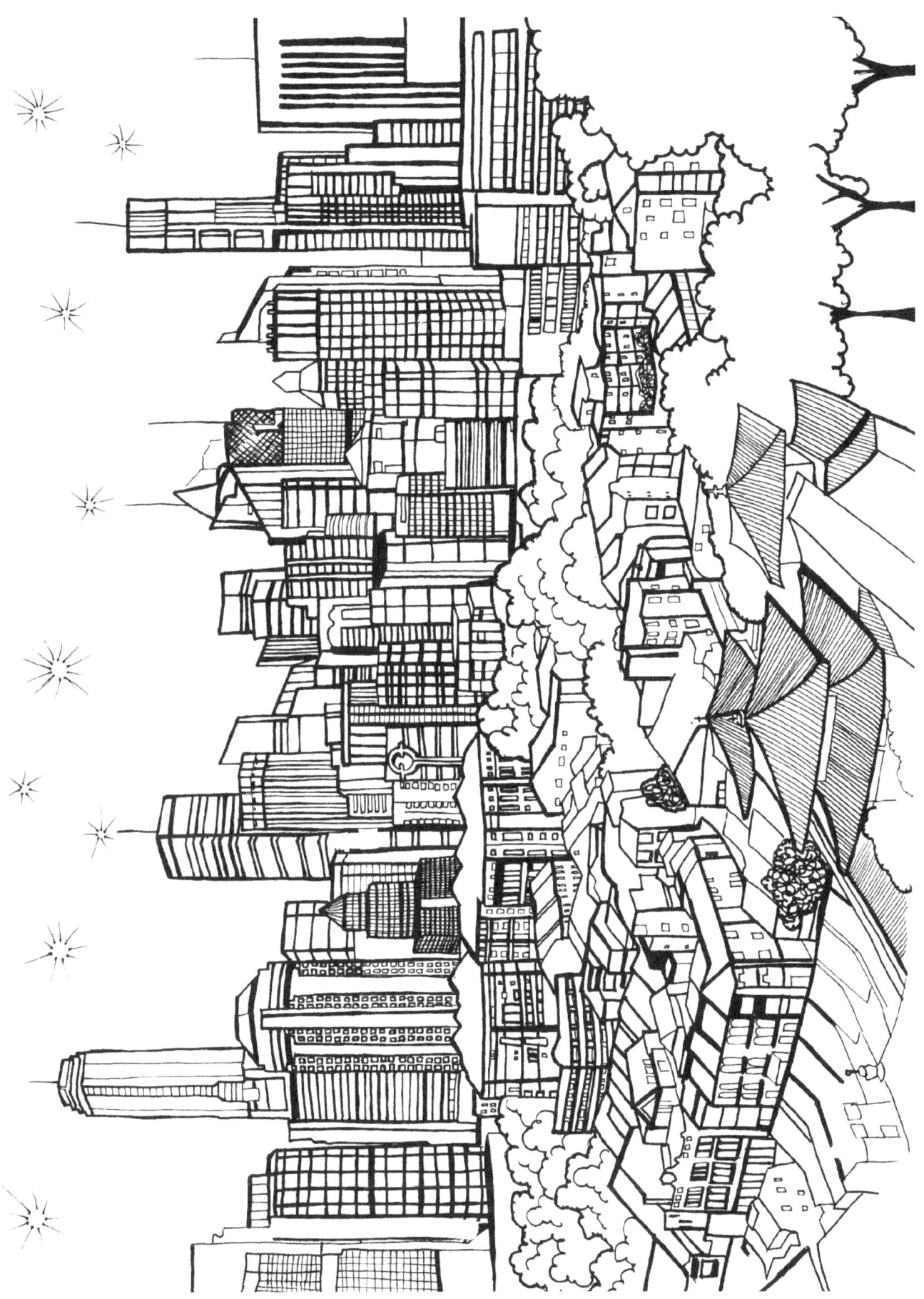

Interesting facts about Ottawa

- In 1857 Queen Victoria of Britain chose Ottawa to be the capital of Canada.
- The name Ottawa comes from the Algonquin word *adawe* – which means to trade, so it's always been an important business centre.
- Ottawa is the seventh coldest capital in the world. Others that are colder include in order of coldest first are Ulaan-Baatar in Mongolia, Astana in Kazakhastan, Moscow, Helsinki, Reykjavik in Iceland and Tallin in Estonia.
- In winter, the Rideau Canal in downtown Ottawa, becomes the longest skating rink in the world (7.8 km).
- There are 4 distinct seasons, though, with temperatures ranging from 33C in summer (average is 25C) to -25C (average is -10C).
- Nearly half the population is under the age of 35 – making it one of the youngest cities in the country.
- There are more than 14 museums in Ottawa, but the Canadian Museum of Civilization is the most visited museum in Canada.
- There are 35 major festivals in Ottawa. The Canadian Tulip Festival, held every May, is one of the most famous.
- The beautiful Château Laurier Hotel is said to be haunted by the ghost of Charles Melville Hays, the president of the company that built the hotel. Hays died on the Titanic, 12 days before the hotel's opening.
- Visitors to Ottawa can stay in a hostel that used to be a jail in the 19th Century.

Faits intéressants sur Ottawa

- En 1857, la reine Victoria d'Angleterre choisit Ottawa pour être la capitale du Canada.
- Le nom Ottawa vient du mot algonquin adawe - ce qui signifie commerce, donc un centre d'affaires important.
- Ottawa est la septième capitale la plus froide du monde. Les autres régions les plus froides sont Ulaan-Baatar en Mongolie, Astana au Kazakhstan, Moscou, Helsinki, Reykjavik en Islande et Tallin en Estonie.
- En hiver, le canal Rideau, au centre-ville d'Ottawa, devient la plus longue patinoire au monde (7,8 km).
- Il y a 4 saisons distinctes, avec des températures allant de 33 ° C en été (la moyenne est de 25 ° C) à -25 ° C (la moyenne est de -10 ° C).
- Près de la moitié de la population a moins de 35 ans, ce qui en fait l'une des villes les plus jeunes du pays.
- Il y a plus de 14 musées à Ottawa, mais le Musée canadien des civilisations est le musée le plus visité au Canada.
- Il y a 35 festivals majeurs à Ottawa. Le Festival canadien des tulipes, organisé tous les mois de mai, est l'un des plus célèbres.
- Le magnifique hôtel Château Laurier serait hanté par le fantôme de Charles Melville Hays, président de la société qui l'a construit. Hays est mort sur le Titanic, 12 jours avant l'ouverture de l'hôtel.
- Les visiteurs à Ottawa peuvent séjourner dans une auberge qui était une prison au 19ème siècle.

(Source: geosottawa.com)

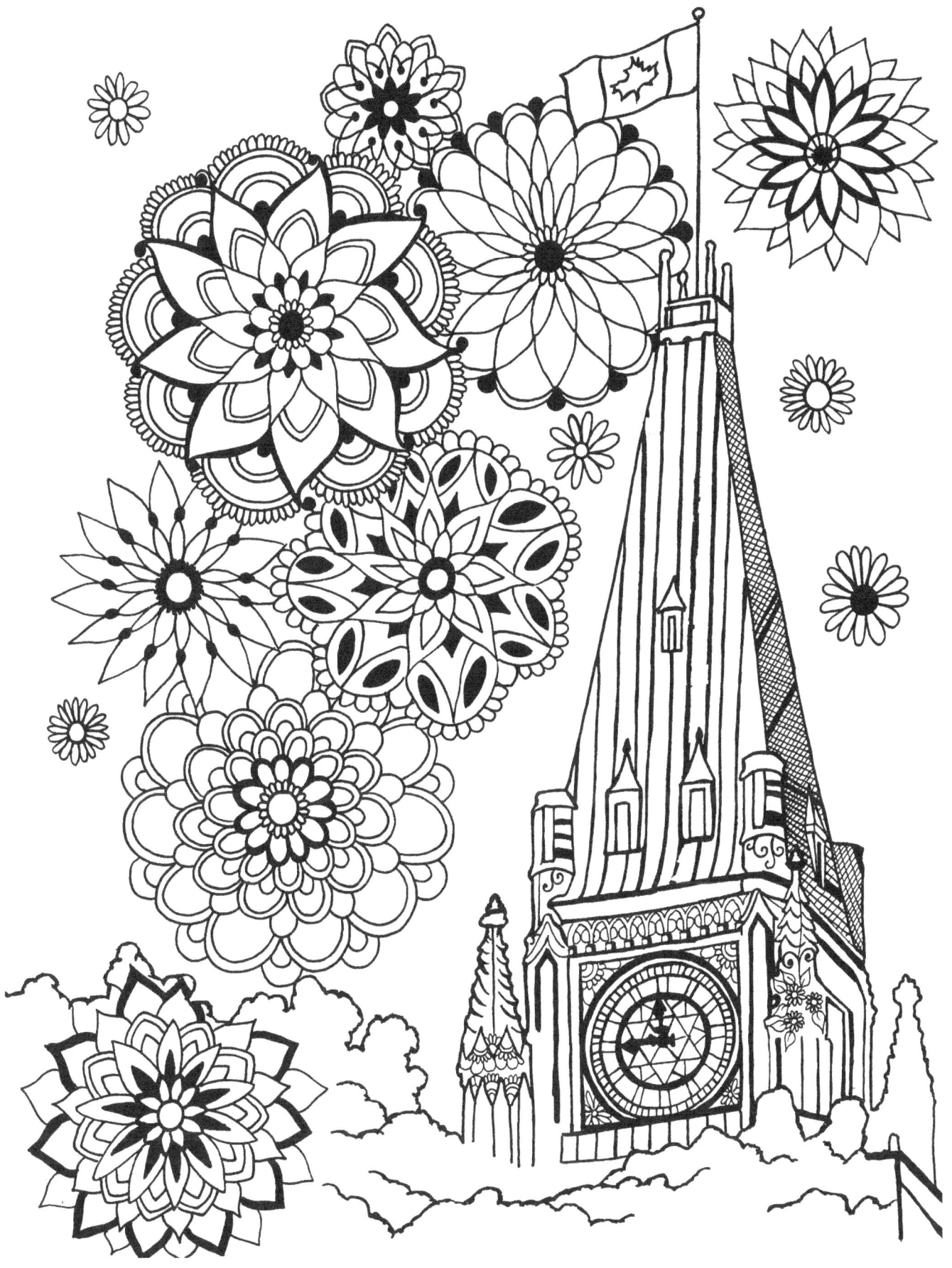

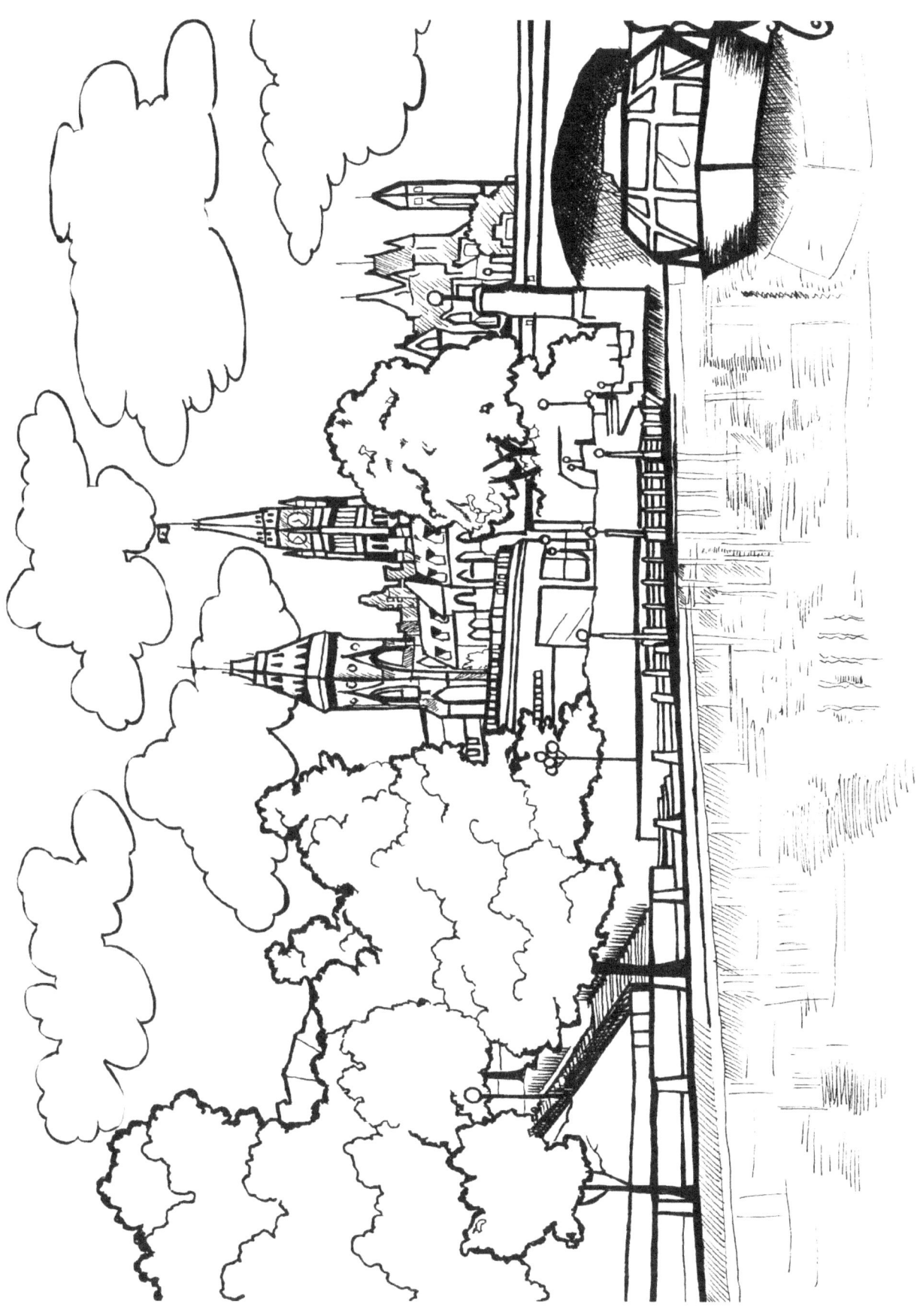

The Rideau Canal

The Rideau Canal, also known unofficially as the Rideau Waterway, connects Canada's capital city of Ottawa to Lake Ontario and the Saint Lawrence River at Kingston, Ontario. It is 202 kilometres in length. The name *Rideau*, French for "curtain", is derived from the curtain-like appearance of the Rideau River's twin waterfalls where they join the Ottawa River. The canal system uses sections of two rivers, the Rideau and the Cataraqui, as well as several lakes. The Rideau Canal is operated by Parks Canada.

The canal was opened in 1832 as a precaution in case of war with the United States. It remains in use today primarily for pleasure boating, with most of its original structures intact, operated by Parks Canada. The locks on the system open for navigation in mid-May and close in mid-October. It is the oldest continuously operated canal system in North America, and in 2007 it was registered as a UNESCO World Heritage Site.

Le canal Rideau

Le canal Rideau, également appelé officieusement la voie navigable Rideau, relie la capitale canadienne, Ottawa, au lac Ontario et au fleuve Saint-Laurent à Kingston, en Ontario. Il fait 202 kilomètres de long. Le nom Rideau, en français pour « rideau », est dérivé de l'apparence semblable à un rideau des cascades jumelles de la rivière Rideau, qui rejoignent la rivière des Outaouais. Le système de canaux utilise des sections de deux rivières, la Rideau et le Cataraqui, ainsi que plusieurs lacs. Le canal Rideau est exploité par Parcs Canada.
Le canal a été ouvert en 1832 à titre de précaution en cas de guerre avec les États-Unis. Il reste utilisé principalement pour la navigation de plaisance, dont la plupart des structures d'origine sont intactes et exploité par Parcs Canada. Les écluses du système sont ouvertes à la navigation à la mi-mai et se ferment à la mi-octobre. Il s'agit du plus ancien réseau de canaux en exploitation continue en Amérique du Nord. En 2007, il a été inscrit au patrimoine mondial de l'UNESCO.

(Source : Wikipedia)

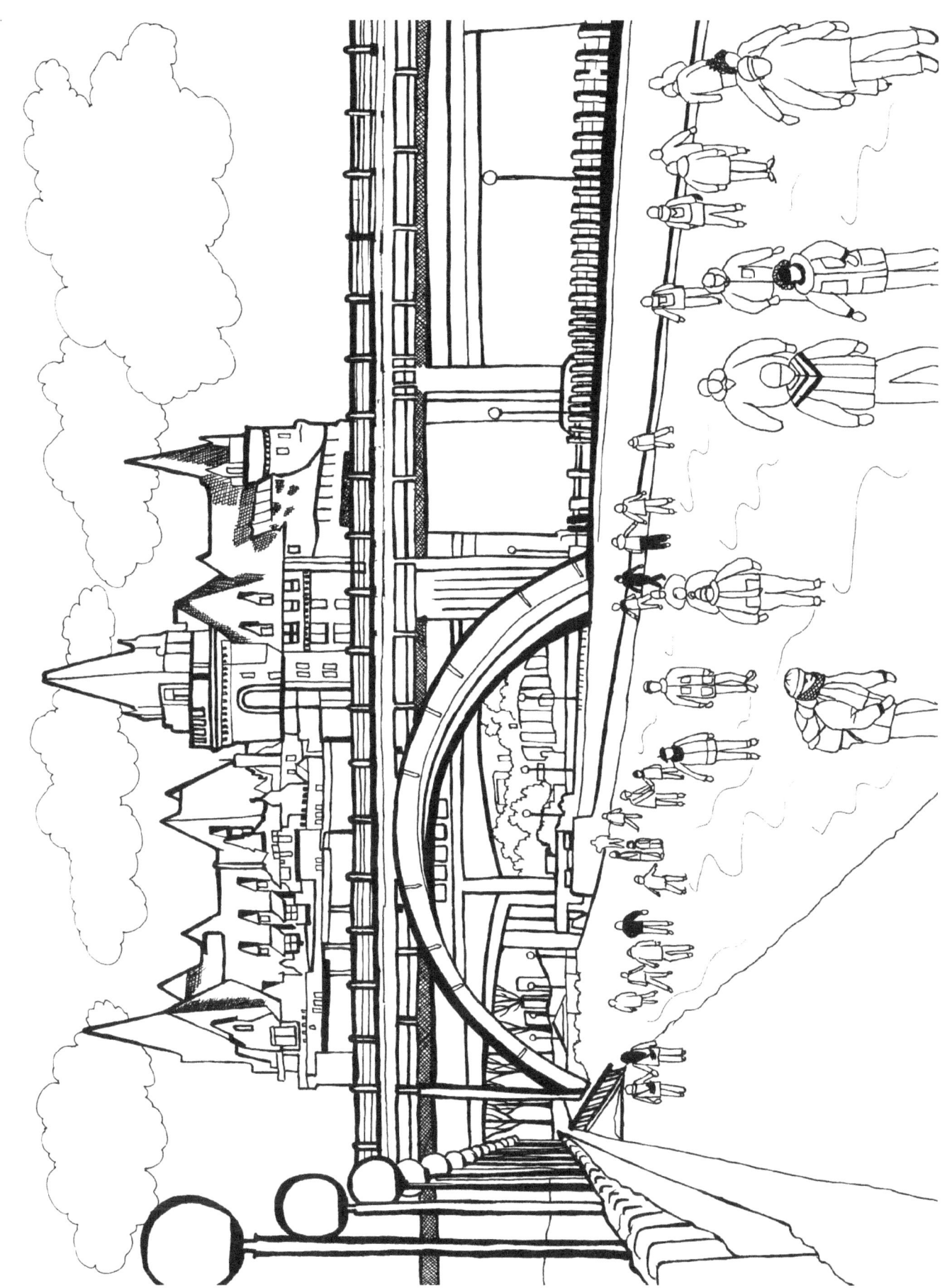

Skating on the Ottawa Canal

Did you know that Ottawa is home to the largest naturally frozen skating rink in the world, as designated by Guinness World Records? It's true! Each year, from roughly January to late February or early March, the scenic Rideau Canal – Ontario's only UNESCO World Heritage Site – freezes and welcomes nearly one million visitors for winter fun. People come from around the world to glide along the Rideau Canal Skateway's 7.8 kilometres (4.8 miles), which stretch from Ottawa's downtown core to Dows Lake, its largest surface. According to the National Capital Commission (NCC), the Skateway hosts a daily average of 20,000 visitors during the winter months. So if you're coming to Ottawa over the winter season, this is something you don't want to miss! Access to the Skateway is FREE.

You can bring your own skates or rent a pair at the Skateway's downtown and Fifth Avenue entrances. Glide along and see how far you can go! According to the NCC, the Skateway's actual skating surface is 165,621 square metres, which is bigger than 105 National Hockey League rinks or more than 90 Olympic-sized hockey rinks. But don't worry, you won't be forsaken in the Canadian wilderness while you skate. All along the way, you'll find various stands offering hot soup, hot chocolate and other items to keep you cozy and warm. There are also heated change huts, where you can put your skates on or just warm up for a bit. And while you're on the famous Skateway, make sure to get a BeaverTails pastry! This deep fried, cinnamon and sugar, beaver tail-shaped pastry was invented in Ottawa in 1978. There's nothing more Canadian than enjoying one on skates on the Skateway in the winter.

Patinage sur le canal d'Ottawa

Saviez-vous qu'Ottawa abrite la plus grande patinoire naturellement gelée du monde, désignée par Guinness World Records? C'est vrai! Chaque année, de janvier à fin février ou début mars environ, le pittoresque canal Rideau - le seul site du patrimoine mondial de l'UNESCO en Ontario - gèle et accueille près d'un million de visiteurs pour des activités inédites. Les gens viennent du monde entier pour sillonner les 7,8 kilomètres de la patinoire du canal Rideau, qui s'étend du centre-ville d'Ottawa au lac Dows, sa plus grande surface. Selon la Commission de la capitale nationale (CCN), la patinoire accueille en moyenne 20 000 visiteurs par jour pendant les mois d'hiver. Donc, si vous venez à Ottawa pendant la saison hivernale, vous ne voudrez pas manquer cette occasion! L'accès à la patinoire est GRATUIT.

Vous pouvez apporter vos propres patins ou en louer une paire aux entrées du centre-ville et de la Cinquième Avenue. Glisse et vois jusqu'où tu peux aller! Selon la CCN, la patinoire a une surface de patinage de 165 621 mètres carrés, soit plus de 105 patinoires de la Ligue nationale de hockey ou plus de 90 patinoires olympiques. Mais ne vous inquiétez pas, vous ne serez pas délaissé dans la nature canadienne, pendant que vous patinez. Tout au long du parcours, vous trouverez divers stands proposant de la soupe chaude, du chocolat chaud et d'autres objets pour vous garder au chaud et au chaud. Il y a aussi des cabines de change chauffées, où vous pouvez mettre vos patins ou juste vous réchauffer un peu. Et pendant que vous êtes sur la célèbre patinoire, assurez-vous d'avoir une pâtisserie Queue de Castor! Cette pâtisserie en forme de queue de castor, frite à la cannelle et au sucre, a été inventée à Ottawa en 1978. Il n'y a rien de plus canadien que de savourer une patinoire sur la patinoire en hiver.

(Source: tourismottawa.ca)

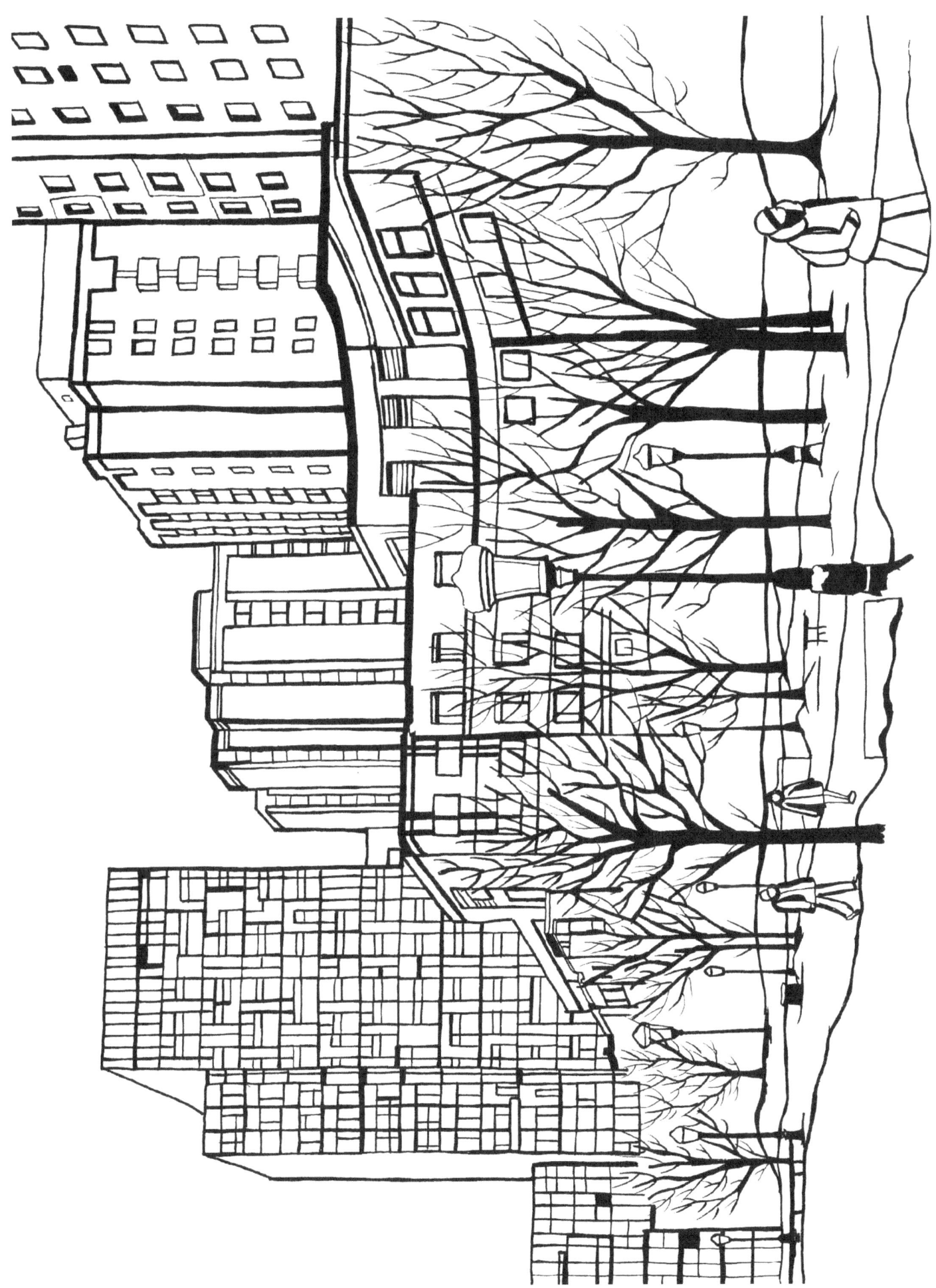

The University of Ottawa

This university is a bilingual public research university in Ottawa. The main campus is located on 42.5 hectares (105 acres) in the residential neighbourhood of Sandy Hill, adjacent to Ottawa's Rideau Canal. The university offers a wide variety of academic programs, administered by ten faculties. It is a member of the U15, a group of research-intensive universities in Canada. The University of Ottawa is the largest English-French bilingual university in the world.

The University of Ottawa was first established as the College of Bytown in 1848 by the first bishop of the Catholic Archdiocese of Ottawa, Joseph-Bruno Guigues. Placed under the direction of the Oblates of Mary Immaculate, it was renamed the College of Ottawa in 1861 and received university status five years later through a royal charter. On 5 February 1889, the university was granted a pontifical charter by Pope Leo XIII, elevating the institution to a pontifical university. The University was reorganized on July 1, 1965, as a corporation, independent from any outside body or religious organization. As a result, the civil and pontifical charters were kept by the newly created Saint Paul University, federated with the university. The remaining civil faculties were retained by the reorganized university.

The school is co-educational and enrols over 35,000 undergraduate and over 6,000 post-graduate students. The university has more than 195,000 alumni. The university's athletic teams are known as the Gee-Gees and are members of U Sports.

L'Université d'Ottawa

Cette université est une université de recherche publique bilingue située à Ottawa. Le campus principal est situé sur 42,5 hectares (105 acres) dans le quartier résidentiel de Sandy Hill, adjacent au canal Rideau, à Ottawa. L'université propose une grande variété de programmes académiques, administrés par dix facultés. Il est membre du groupe U15, un groupe d'universités canadiennes à forte intensité de recherche. L'Université d'Ottawa est la plus grande université bilingue anglais-français au monde.

L'Université d'Ottawa a été créée en 1848 sous le nom de College of Bytown par le premier évêque de l'archidiocèse catholique d'Ottawa, Joseph-Bruno Guigues. Placé sous la direction des Oblats de Marie Immaculée, il fut renommé le Collège d'Ottawa en 1861 et obtint le statut d'université cinq ans plus tard grâce à une charte royale. Le 5 février 1889, le pape Léon XIII octroya à l'université une charte pontificale lui permettant de devenir une université pontificale. L'Université a été réorganisée le 1er juillet 1965 en tant que société par actions indépendante de tout organisme extérieur ou organisation religieuse. En conséquence, les chartes civiles et pontificales ont été conservées par la nouvelle université Saint-Paul, fédérée avec l'université. Les facultés civiles restantes ont été conservées par l'université réorganisée.

L'école est mixte et accueille plus de 35 000 étudiants de premier cycle et plus de 6 000 étudiants de troisième cycle. L'université compte plus de 195 000 anciens élèves. Les équipes sportives de l'université sont connues sous le nom de Gee-Gees et sont membres de U Sports.

(Source : Wikpedia)

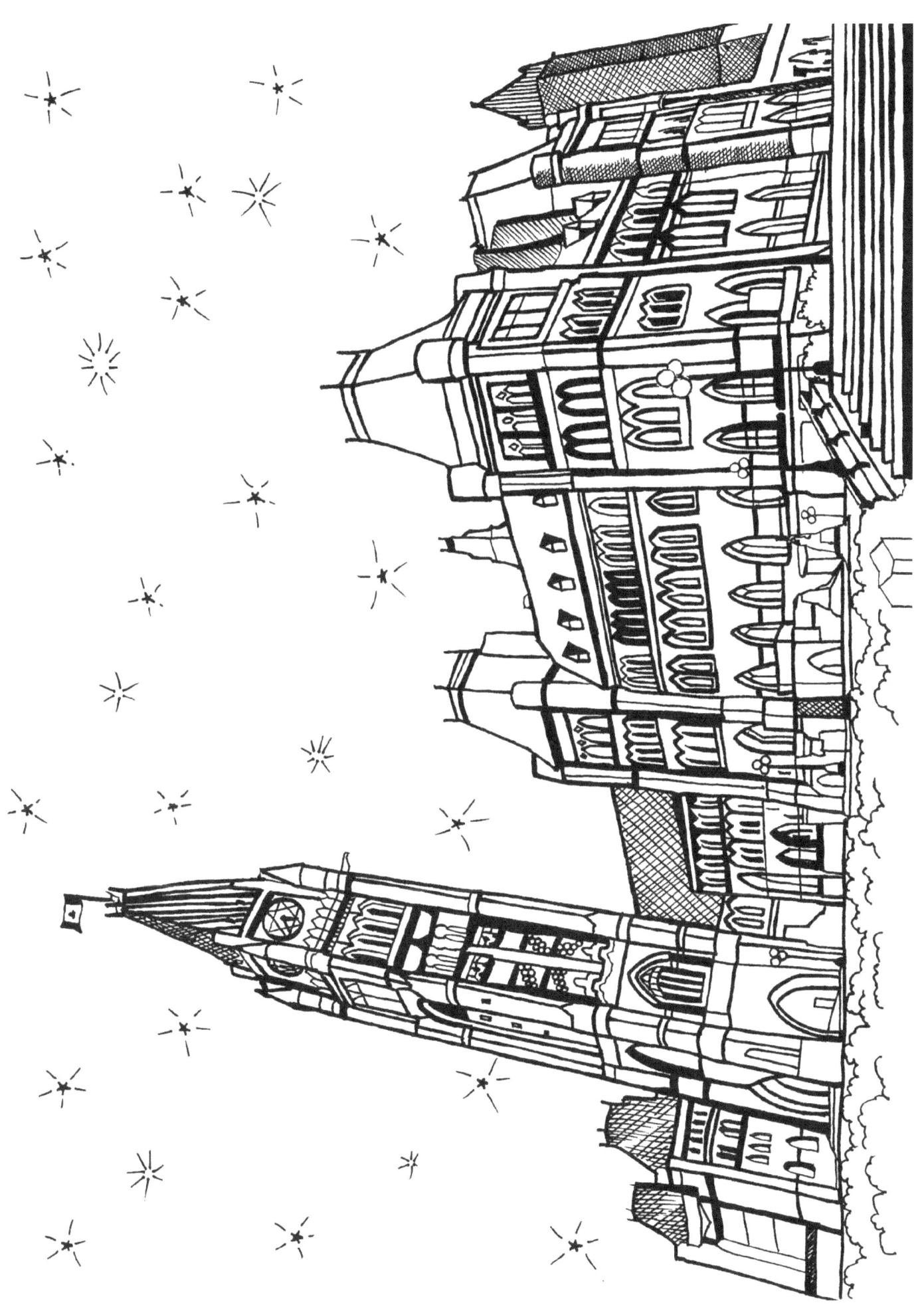

Fun Facts about Canada's parliament

More than 325,000 people tour Parliament Hill in Ottawa every year, but most don't get to go behind the scenes in one of the country's most important buildings. From secret doors to the Speaker's Scotch. Public Works employee Robert Labonté is responsible for many of the most prominent elements on Parliament Hill, but the most visible may be the Peace Tower clock.

A One-man controls time on Parliament Hill. Controlled from a small room inside the tower, Robert Labonté sets the big clock using a pilot clock that simulates the same time. The pilot clock is locked, with only three or four people holding a key for it, he said.
"I can tell from here what the Peace Tower clock is reading. I can move them at the same time. So when I change the hour, I'm actually looking at this and not outside," he told CBC News.
Public Works sets the clock by the National Research Council official Canadian time and, twice a year, it's Labonté's job to change the time.
Because the clock was built in 1927, the mechanism won't allow it to turn backwards. So, when most other Canadians turn their clocks back an hour in the fall, Labonté goes in at 2 a.m., stops the Peace Tower clock for an hour, re-sets other clocks around Parliament Hill, and starts up the Peace Tower clock when 2 a.m. hits for the second time. "It is 1927 design. We can't turn back time. We can stop it, but we can't go back in time. So you'll never see the dials go backwards," he said.

Faits amusants sur le parlement canadien

Chaque année, plus de 325 000 personnes visitent la colline du Parlement à Ottawa, mais la plupart d'entre elles ne peuvent pas se rendre dans les coulisses de l'un des édifices les plus importants du pays. Des portes secrètes au scotch du président.

Un homme contrôle l'heure sur la colline du Parlement
Robert Labonté, employé de Travaux publics, est responsable de plusieurs des éléments les plus en vue de la colline du Parlement, mais le plus visible est sans doute l'horloge de la Tour de la Paix.

Contrôlé depuis une petite pièce à l'intérieur de la tour, Labonté règle la grande horloge à l'aide d'une horloge pilote qui simule le même temps. L'horloge de pilotage est verrouillée et seules trois ou quatre personnes sont en possession d'une clé, a-t-il déclaré.
"Je peux dire à partir de là ce que lit l'horloge de la Tour de la Paix. Je peux les déplacer en même temps. Alors, quand je change l'heure, je regarde cela et pas dehors", a-t-il déclaré à CBC News.
Les travaux publics fixent l'heure officielle canadienne du Conseil national de recherches du Canada et, deux fois par an, c'est à Labonté qu'il incombe de changer l'heure.
Parce que l'horloge a été construite en 1927, le mécanisme ne lui permettra pas de revenir en arrière. Ainsi, quand la plupart des autres Canadiens remettent l'heure à l'automne, Labonté entre à 2 heures du matin, arrête l'horloge de la Tour de la Paix pendant une heure, remet d'autres horloges sur la colline du Parlement et met en marche la pendule de la Tour de la Paix suis frappé pour la deuxième fois. "C'est le design de 1927. Nous ne pouvons pas revenir en arrière. Nous pouvons l'arrêter, mais nous ne pouvons pas revenir en arrière. Donc, vous ne verrez jamais les cadrans revenir en arrière", at-il déclaré.

(Source : https://www.cbc.ca/news/politics/5-secrets-of-parliament-hill-1.2467624)

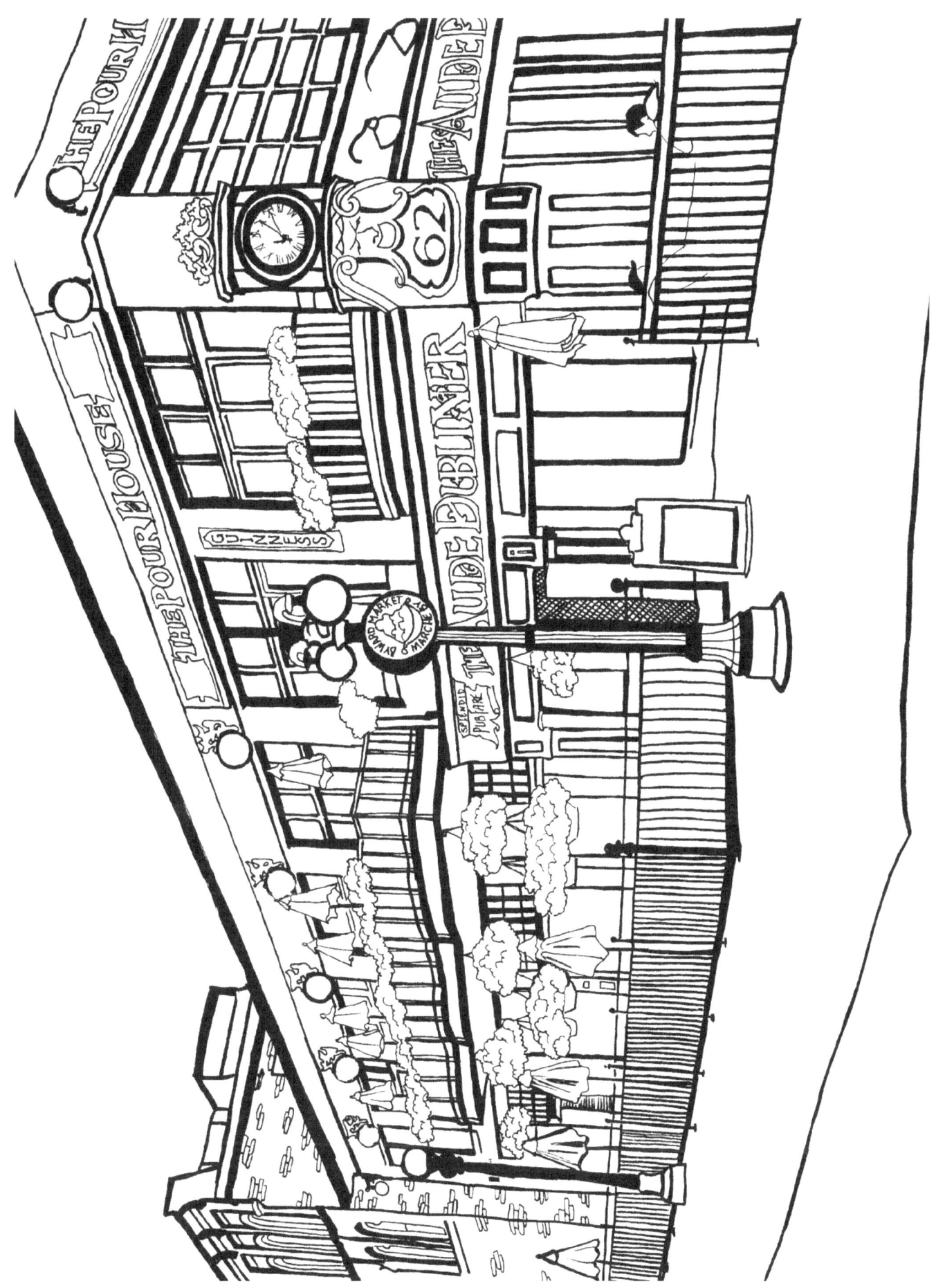

The Pour House - Ottawa

(Source: http://heartandcrown.pub/about)

When two Irish immigrants landed in Canada in the late 1970s, Heart and Crown Irish Pubs was just a dream... But when Larry Bradley, from Omagh, Co. Tyrone, met Pat Kelly, from Galway, Co. Galway, a spark was lit. Labourers by trade, these two intrepid Irishmen went on to form Bradley-Kelly Construction, and flourished in their first business venture. But by the late 1980's, the construction business was slowing down, and the pair contemplated whether it was time to make a long time dream a reality; to open an Irish pub in the city they now called home.

In 1992, the daring duo took a big risk and opened their first pub in an unfrequented area of the ByWard Market. Unlike today, Clarence Street was barren and had very little to offer locals or tourists alike. But despite this, they forged ahead and on April 19th, 1992 the Heart & Crown Irish Pub opened its doors for the first time. Almost immediately, the Irish community flocked to the new watering hole for cold pints, live music and a wee bit of craic!

Lorsque deux immigrants irlandais sont arrivés au Canada à la fin des années 1970, les Pubs irlandais Heart and Crown n'étaient qu'un rêve... Mais lorsque Larry Bradley, d'Omagh, dans le Comté de Tyrone, a rencontré Pat Kelly, de Galway, dans le Comté de Galway, une étincelle s'est allumée. Ouvriers de métier, ces deux intrépides Irlandais formèrent Bradley-Kelly Construction et prospérèrent dans leur première entreprise. Mais à la fin des années 1980, le secteur de la construction ralentissait et les deux hommes se demandaient s'il était temps de faire de ce rêve une réalité et ouvrir un pub irlandais dans la ville d'adoption.

En 1992, le duo audacieux a pris un gros risque et a ouvert son premier pub dans une zone peu fréquentée du marché By. Contrairement à aujourd'hui, Clarence Street était stérile et avait très peu à offrir aux habitants ou aux touristes. Malgré cela, ils ont progressé et le 19 avril 1992, le Heart & Crown Irish Pub a ouvert ses portes pour la première fois. Presque immédiatement, la communauté irlandaise a afflué vers le nouveau point d'arrosage pour des pintes froides, de la musique live et un peu de folie!

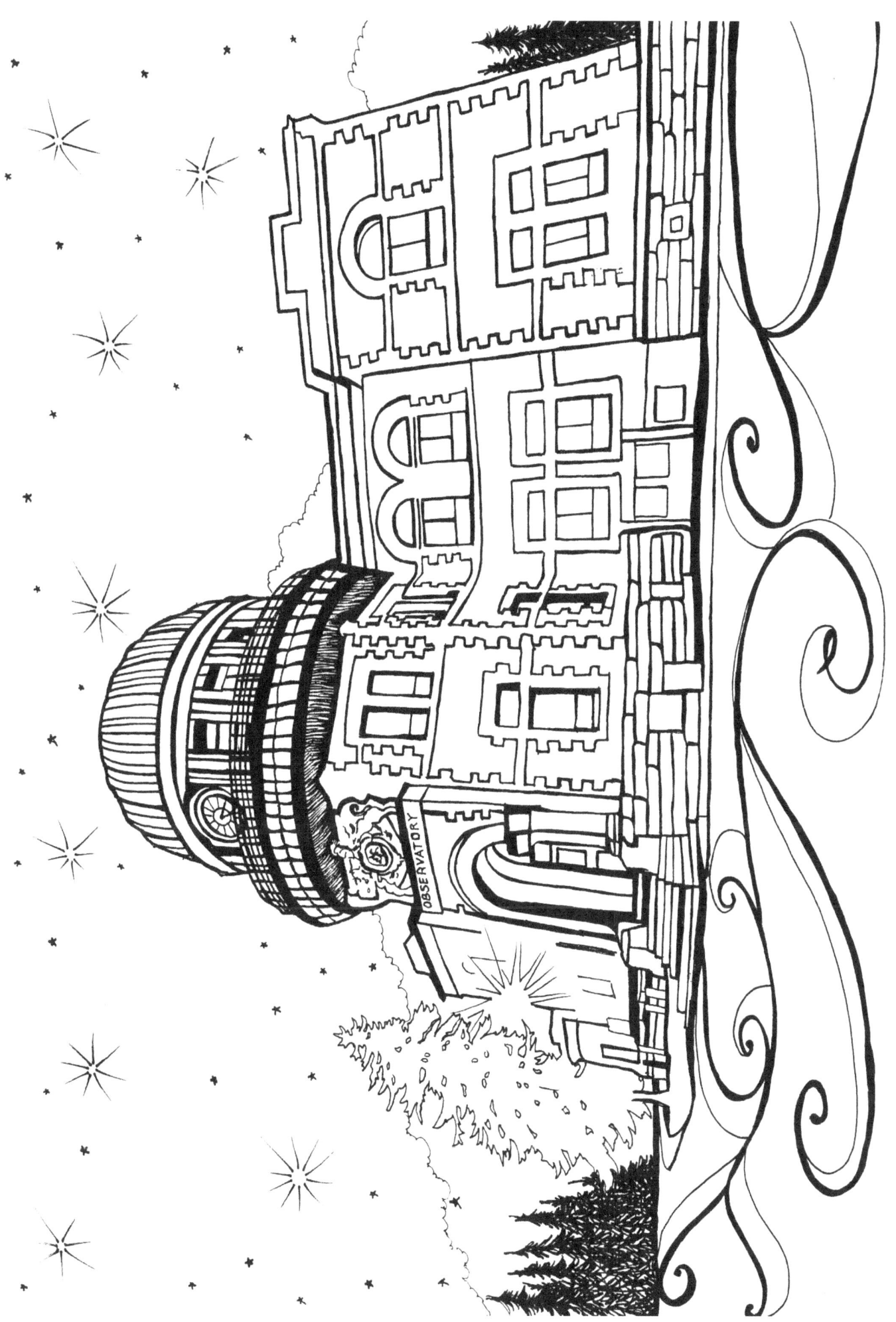

The Dominion Observatory

It was an astronomical observatory in Ottawa, that operated from 1902 to 1970. The Observatory was also an institution within the Canadian Federal Government. The observatory grew out of the Department of the Interior's need for the precise coordinates and timekeeping that at that time could only come from an observatory. For several years they had used a small observatory on the Ottawa River for this purpose. In 1902, it was decided that Canada needed a larger national observatory like the Royal Greenwich Observatory in Britain.

Chief Dominion Architect David Ewart designed the Dominion Observatory in 1902.

The new building was then erected near Dow's Lake on the Agriculture Department's Central Experimental Farm land. This Romanesque Revival building was completed in 1905. Its main instrument was a 15-inch refracting telescope, the largest refracting telescope ever installed in Canada. While the building and institution were primarily dedicated to astronomical timekeeping in support of surveying, several other activities took place here. The Dominion Observatory was Canada's leading institution in Geophysics for many decades, which included the operation of Canada's national seismometer network. The facility did important work but with this bridgehead into the world of astronomy and the growth of the field of astrophysics Canadian astronomers quickly demanded a facility designed for the new scientific age. In 1917, the Dominion Astrophysical Observatory was opened in Victoria, B.C. and it supplanted the Dominion Observatory as Canada's foremost astronomical observatory.
In the mid-1990s, according to rumors within Natural Resources, it was envisaged to demolish the building to save money in times of budget constraints. However, these plans did not materialize. In 2008, the building housed the Office of Energy Efficiency, part of the Energy Branch, Natural Resources Canada.

Observatoire Fédéral (Dominion)

Celui-ci était un observatoire astronomique à Ottawa, qui a fonctionné de 1902 à 1970. Cet observatoire était également une institution du gouvernement fédéral canadien. L'observatoire est né du besoin du ministère de l'Intérieur de disposer de coordonnées précises et d'un chronométrage précis qui, à cette époque, ne pouvaient provenir que d'un observatoire. Pendant plusieurs années, ils avaient utilisé un petit observatoire sur la rivière des Outaouais à cette fin. En 1902, il fut décidé que le Canada avait besoin d'un observatoire national plus grand, comme l'observatoire royal de Greenwich en Grande-Bretagne.
L'architecte en chef du Dominion, David Ewart, a conçu l'Observatoire du Dominion en 1902.

Le nouveau bâtiment a ensuite été construit près du lac Dow sur le terrain de la Ferme expérimentale centrale du Département de l'agriculture. Cet édifice de style néo-roman a été achevé en 1905. Son instrument principal était un télescope à réfraction de 15 pouces, le plus grand télescope à réfraction jamais installé au Canada. Alors que le bâtiment et l'institution étaient principalement dédiés à l'horodatage astronomique afin de faciliter la topographie, plusieurs autres activités ont eu lieu ici. L'Observatoire fédéral était la principale institution canadienne en géophysique depuis de nombreuses décennies, incluant l'exploitation du réseau national de sismomètres. L'installation a fait un travail important, mais avec cette tête de pont dans le monde de l'astronomie et la croissance du domaine de l'astrophysique, les astronomes canadiens ont rapidement réclamé une installation conçue pour le nouvel âge scientifique. En 1917, l'Observatoire fédéral d'astrophysique a été ouvert à Victoria, en Colombie-Britannique et a remplacé l'observatoire fédéral en tant que premier observatoire astronomique du Canada.

Au milieu des années 90, selon des rumeurs au sein des Ressources Naturelles, il était envisagé de démolir le bâtiment pour économiser de l'argent en période de contraintes budgétaires. Cependant, ces plans ne se sont pas matérialisés. En 2008, le bâtiment abritait l'Office de l'efficacité énergétique, qui fait partie de la Direction de l'énergie, Ressources naturelles Canada. (Source : Wikipedia)

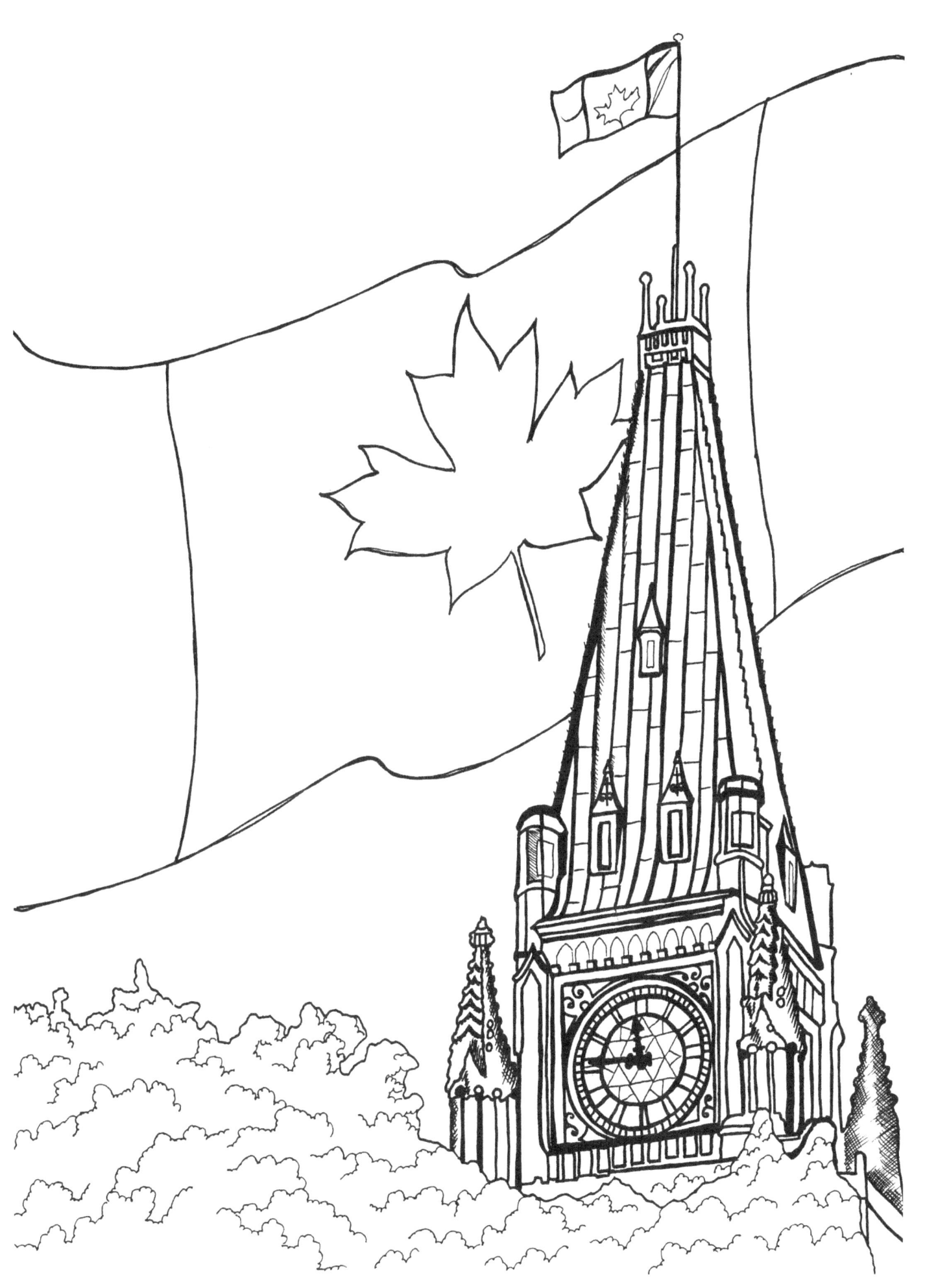

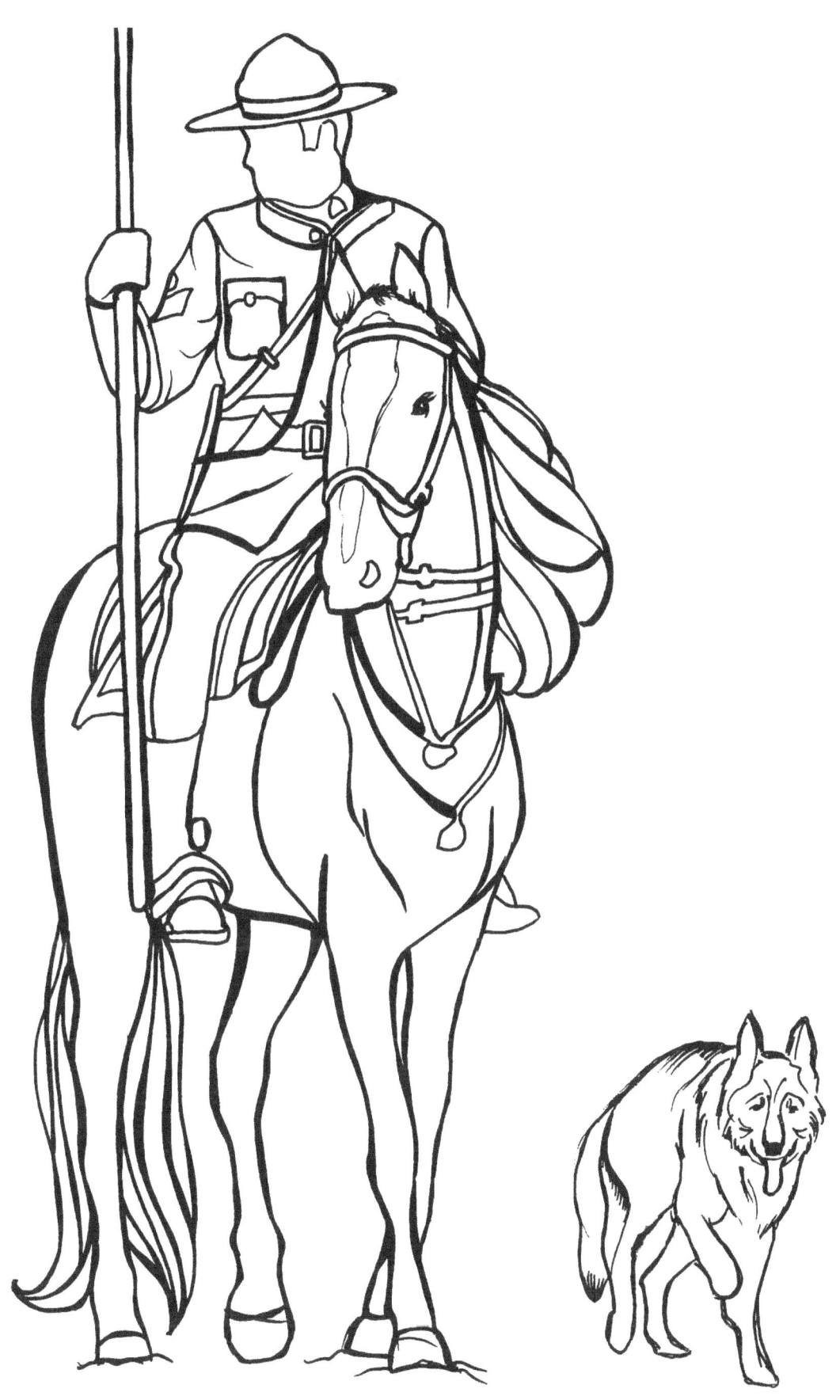

Royal Canadian Mounted Police (RCMP), formerly (until 1920) North West Mounted Police, by name Mounties, Canada's federal police force. It is also the provincial and criminal police establishment in all provinces except Ontario and Quebec and the only police force in the Yukon and Northwest territories. It is responsible for Canadian internal security as well.

Founded in 1873, it was originally called the North West Mounted Rifles, but the reaction of the United States to the idea of an armed force patrolling the border caused the name to be changed to the North West Mounted Police. The force's first installation was Fort McLeod, in the province of Alberta, and it was the only authority for 300,000 square miles (800,000 square km) of wilderness. The original force of 300 men was sent to deal with traders from the United States who were creating havoc among the Indians by trading cheap whiskey for buffalo hides. With a combination of tact and dogged persistence, the Mounties succeeded in driving these men back across the border and pacifying the Indians. Their just treatment of the Indians resulted in the neutrality of the powerful Blackfoot Confederacy during the Riel Rebellion of 1885.

As the only authority in the region, the force assumed a wide variety of duties. Under its surveillance, the western extension of the Canadian Pacific Railway was completed in 1885. Anticipating the gold rush of 1898, the Mounties preceded the first wave of prospectors to the Yukon. As more than 300,000 settlers poured into Canada after the turn of the 20th century, the Mounties were of considerable assistance to those inexperienced in wilderness survival. In 1904 the prefix "Royal" was added to their name, and in 1920, when it became a federal force throughout Canada, the present name was adopted, and the headquarters were moved from Regina to Ottawa.

La Gendarmerie royale du Canada (GRC), anciennement (jusqu'en 1920) la Police à cheval du Nord-Ouest, nommée Mounties, la force de police fédérale du Canada. C'est également la police provinciale et la police criminelle dans toutes les provinces sauf l'Ontario et le Québec et la seule force de police au Yukon et dans les territoires du Nord-Ouest. Il est également responsable de la sécurité intérieure du Canada.

Fondé en 1873, il s'appelait à l'origine «North West Mounted Rifles», mais la réaction des États-Unis à l'idée d'une force armée patrouillant à la frontière a entraîné le changement de nom pour celui de Police à cheval du Nord-Ouest. La première installation de la force a été Fort McLeod, dans la province de l'Alberta, et elle était la seule autorité pour 800 000 kilomètres carrés de zones sauvages. La force initiale de 300 hommes a été envoyée pour traiter avec des commerçants américains qui faisaient des ravages parmi les Indiens en échangeant du whisky bon marché contre des peaux de buffle. Combinant tact et persévérance, la police montée a réussi à repousser ces hommes vers la frontière et à apaiser les Indiens. Leur traitement juste des Indiens aboutit à la neutralité de la puissante Confédération Blackfoot lors de la rébellion de Riel en 1885. En tant que seule autorité dans la région, la force assumait une grande variété de tâches. Sous sa surveillance, le prolongement à l'ouest de la voie ferrée du Canadien Pacifique a été achevé en 1885. Anticipant la ruée vers l'or de 1898, la police montée a précédé la première vague de prospecteurs au Yukon. Alors que plus de 300 000 colons se sont installés au Canada après le tournant du XXe siècle, les gendarmes ont été d'une aide considérable pour ceux qui n'avaient pas l'expérience de la survie en pleine nature. En 1904, le préfixe «Royal» fut ajouté à leur nom. En 1920, lorsqu'il devint une force fédérale dans tout le Canada, le nom actuel fut adopté et le quartier général fut déplacé de Regina à Ottawa.

Source: https://www.britannica.com/topic/Royal-Canadian-Mounted-Police

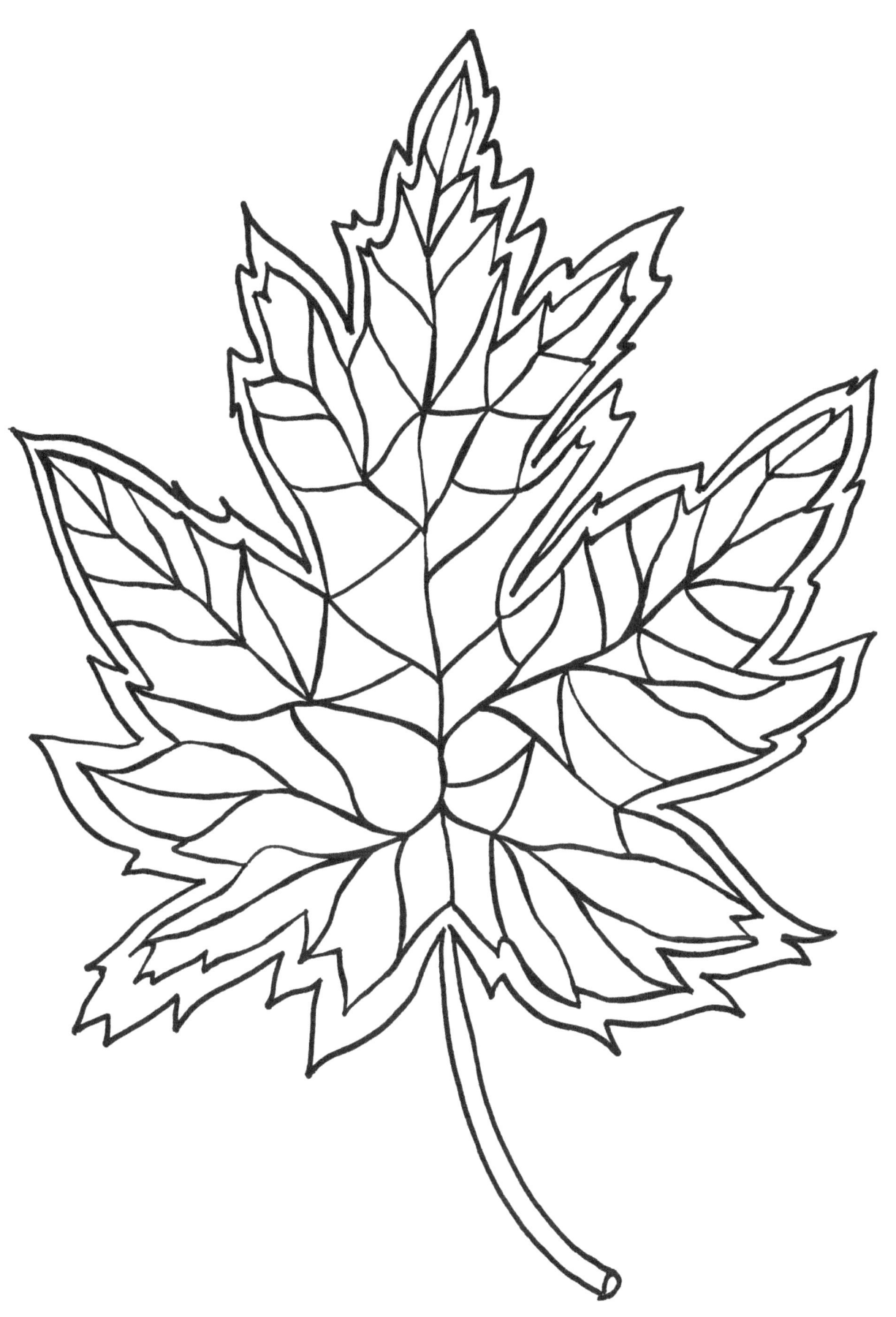

The Canadian Maple leaf symbolizes unity, tolerance, and peace.

A little bit of history...

The maple tree and its distinctive leaves are more than a fixture of Canada's natural beauty. 10 varieties of maple grow in Canada, so the tree is abundant and recognizable throughout the country. The maple leaf has been adopted by national groups, placed on the coat of arms and used as the centerpiece of the nation's flag.

In 1925, debate over a national flag began in the Canadian Privy Council, a group of consultants for the British queen. The group wanted a design that would represent Canada's independence and unity, but members could not decide on a final product. Parliament picked up the search for a national flag in 1946, but after more than 2,600 submissions, they never voted on a design.

It wasn't until 1965 that Canada finally adopted the red maple leaf with red and white accents, a design that had been featured on Olympic athletes' uniforms since 1904. The Maple leaf as a national symbol. In 1834 the St. Jean-Baptiste Society, a French-Canadian patriotic group, adopted the maple leaf as their group symbol. In 1836 the newspaper "Le Canadien" named the maple leaf the official symbol of Canada, and by 1860 members of the Regiment of Royal Canadians were sporting the leaf on their badges. The leaf was featured on both the British and French-Canadian coat of arms, and it's been used on currency since the end of the 19th century. It was also a Canadian military symbol during both World Wars. The maple was designated as Canada's national tree in 1996.

La feuille d'érable canadienne symbolise l'unité, la tolérance et la paix.

Un peu d'histoire...

L'érable et ses feuilles distinctives sont plus qu'un élément de la beauté naturelle du Canada. 10 variétés d'érables poussent au Canada, ce qui en fait un arbre abondant et reconnaissable dans tout le pays. La feuille d'érable a été adoptée par des groupes nationaux, placée sur le blason et utilisée comme pièce maîtresse du drapeau national.

En 1925, le Conseil privé du Canada, un groupe de consultants de la reine britannique, commença à débattre d'un drapeau national. Le groupe souhaitait un modèle qui représenterait l'indépendance et l'unité du Canada, mais les membres ne pourraient pas choisir un produit final. Le Parlement a commencé à chercher un drapeau national en 1946, mais après plus de 2 600 soumissions, il n'a jamais voté pour un dessin.

Ce n'est qu'en 1965 que le Canada a finalement adopté la feuille d'érable rouge aux accents rouges et blancs, un motif qui figurait sur l'uniforme des athlètes olympiques depuis 1904. La feuille d'érable comme symbole national En 1834, la Société Saint-Jean-Baptiste, un groupe patriotique franco-canadien, adopta la feuille d'érable comme symbole de groupe. En 1836, le journal "Le Canadien" désigna la feuille d'érable comme symbole officiel du Canada et, en 1860, les membres du Régiment of Royal Canadian arboraient la feuille avec leur badge. La feuille figurait sur les armoiries britannique et canadienne-française, et était utilisée sur la monnaie depuis la fin du 19e siècle. C'était également un symbole militaire canadien pendant les deux guerres mondiales. L'érable a été désigné comme arbre national du Canada en 1996.

(Source: https://classroom.synonym.com/why-is-the-maple-leaf-a-canadian-symbol-12078959.html)

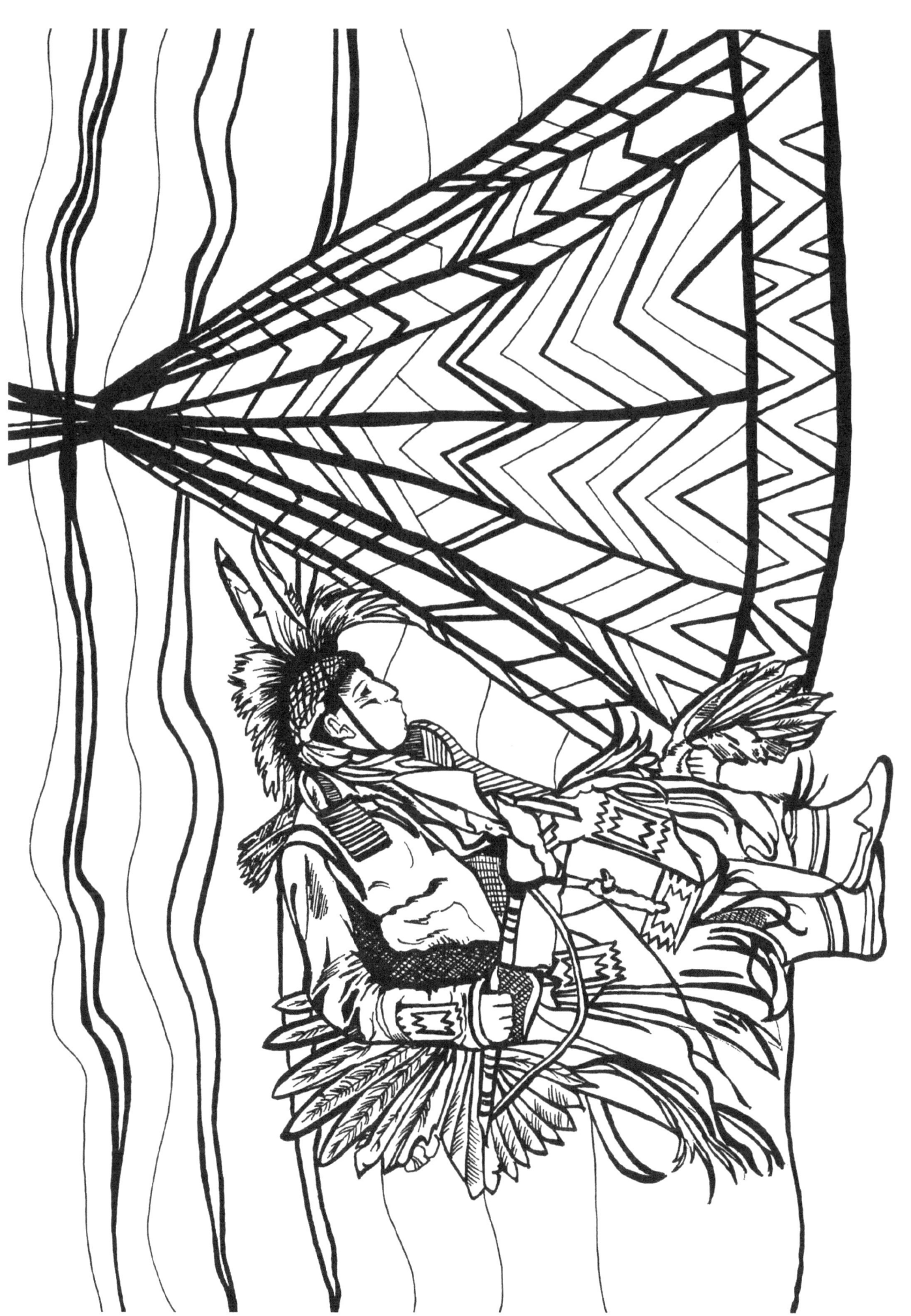

First Nations

The Odawa (also Ottawa), said to mean "traders", are an Indigenous American ethnic group who primarily inhabit land in the northern United States and southern Canada. They have long had territory that crosses the current border between the two countries, and they are federally recognized as Native American tribes in the United States and have numerous recognized First Nations bands in Canada. They are one of the Anishinaabeg, related to but distinct from the Ojibwe and Potawatomi peoples.

After migrating from the East Coast in ancient times, they settled on Manitoulin Island, near the northern shores of Lake Huron, and the Bruce Peninsula in the present-day province of Ontario, Canada. They considered this their original homeland. After the 17th century, they also settled along the Ottawa River, and in the state of Michigan, United States, as well as through the Midwest south of the Great Lakes in the latter country. In the 21st century, there are approximately 15,000 Odawa living in Ontario, and Michigan and Oklahoma (former Indian Territory, United States).

The Ottawa dialect is part of the Algonquian language family. This large family has numerous smaller tribal groups or "bands," commonly called "Tribe" in the United States and "First Nation" in Canada. Their language is considered a divergent dialect of Ojibwe, characterized by frequent syncope.

Premières Nations

The Ottawa dialect is part of the Algonquian language family. This large family has numerous smaller tribal groups or "bands," commonly called "Tribe" in the United States and "First Nation" in Canada. Their language is considered a divergent dialect of Ojibwe, characterized by frequent syncope

Les Odawa (également à Ottawa), censés signifier "commerçants", sont un groupe ethnique américain autochtone qui habite principalement dans les terres du nord des États-Unis et du sud du Canada. Ils ont depuis longtemps un territoire qui traverse la frontière entre les deux pays. Ils sont reconnus par le gouvernement fédéral comme des tribus amérindiennes aux États-Unis et comptent de nombreuses bandes de Premières nations reconnues au Canada. Ils font partie des Anishinaabeg, apparentés aux peuples ojibwé et potawatomi, mais distincts de ceux-ci.

Après avoir émigré de la côte est dans l'Antiquité, ils se sont installés sur l'île Manitoulin, près des rives nord du lac Huron, et sur la péninsule Bruce, dans l'actuelle province de l'Ontario, au Canada. Ils considéraient cela comme leur patrie d'origine. Après le 17e siècle, ils se sont également installés le long de la rivière des Outaouais et dans l'État du Michigan, aux États-Unis, ainsi que dans le Midwest, au sud des Grands Lacs, dans ce dernier pays [2]. Au 21ème siècle, environ 15 000 Odawa vivent en Ontario, dans le Michigan et en Oklahoma (ancien territoire indien, États-Unis).

Le dialecte d'Ottawa fait partie de la famille des langues algonquiennes. Cette famille nombreuse compte de nombreux groupes tribaux ou « bandes », communément appelés « tribu » aux États-Unis et « Première nation » au Canada. Leur langue est considérée comme un dialecte divin des ojibwés, caractérisé par de fréquentes syncopes
(Source : Wikipedia)

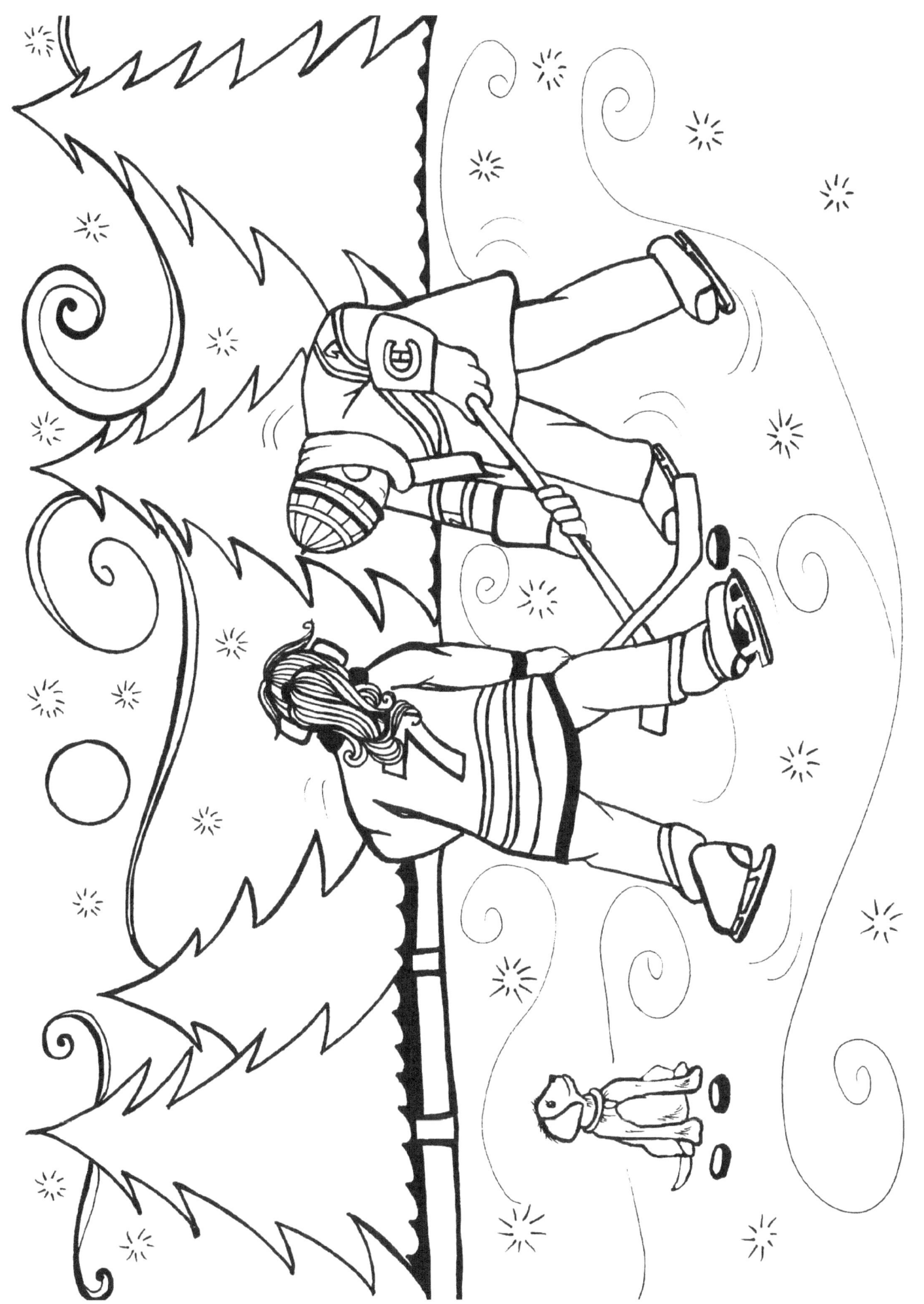

HOCKEY

'Hockey's place in Canadian culture is closer to religion than a simple sporting pastime, a unifying force in a country of 33 million people that is often split by politics and language. The sport is part of the national identity, a rite of passage between fathers and sons and more recently mothers and daughters as the game has evolved beyond its traditional gender boundaries. Generations of Canadians grew up listening to Hockey Night in Canada on the radio and decades later the Saturday night tradition continues intact on high-definition television.'

'In Canada, which regards itself as the birthplace of the game, it is simply referred to as "hockey," and anyone describing it any other way risks a disdainful look or a puck in the head. From Newfoundland to Vancouver Island hockey touches the lives of Canadians young and old. Children are introduced to the game at an early age, some learning to skate and hold a stick as soon as they can walk, while some people go to their graves wearing team jerseys. Hockey is a contradiction of graceful skill and brutal violence that runs counter to Canadians' modest, polite image, and novelist Hugh MacLennan theorized that the sport gave Canadians the same release that "strong liquor gives a repressed man."

'La place du hockey dans la culture canadienne est plus proche de la religion que d'un simple passe-temps sportif. C'est une force unificatrice dans un pays de 33 millions d'habitants souvent divisé par la politique et la langue. Le sport fait partie de l'identité nationale, un rite de passage entre pères et fils et plus récemment mères et filles, car le jeu a évolué au-delà de ses frontières de genre traditionnelles. Des générations de Canadiens ont grandi en écoutant l'émission Hockey Night In Canada à la radio et, des décennies plus tard, la tradition du samedi soir se poursuit intacte à la télévision haute définition.'

'Au Canada, qui se considère comme le berceau du jeu, on l'appelle simplement « hockey »et quiconque le décrit d'une autre manière risque de lui donner un regard dédaigneux ou une rondelle dans la tête.'

'De Terre-Neuve à l'île de Vancouver, le hockey touche la vie des jeunes et des moins jeunes. Les enfants sont initiés au jeu dès leur plus jeune âge. Certains apprennent à patiner et à tenir un bâton dès qu'ils savent marcher, tandis que d'autres se rendent sur leur tombe en portant leur maillot d'équipe. Le hockey est une contradiction puisque la violence brutale du sport allant à l'encontre de l'image modeste et polie des Canadiens, et dont le romancier Hugh MacLennan a émis l'hypothèse selon laquelle le sport a donné aux Canadiens ce que « l'alcool fort donne à un homme refoulé ». '

(Source: https://www.reuters.com/article/us-olympics-ice-hockey-canada)

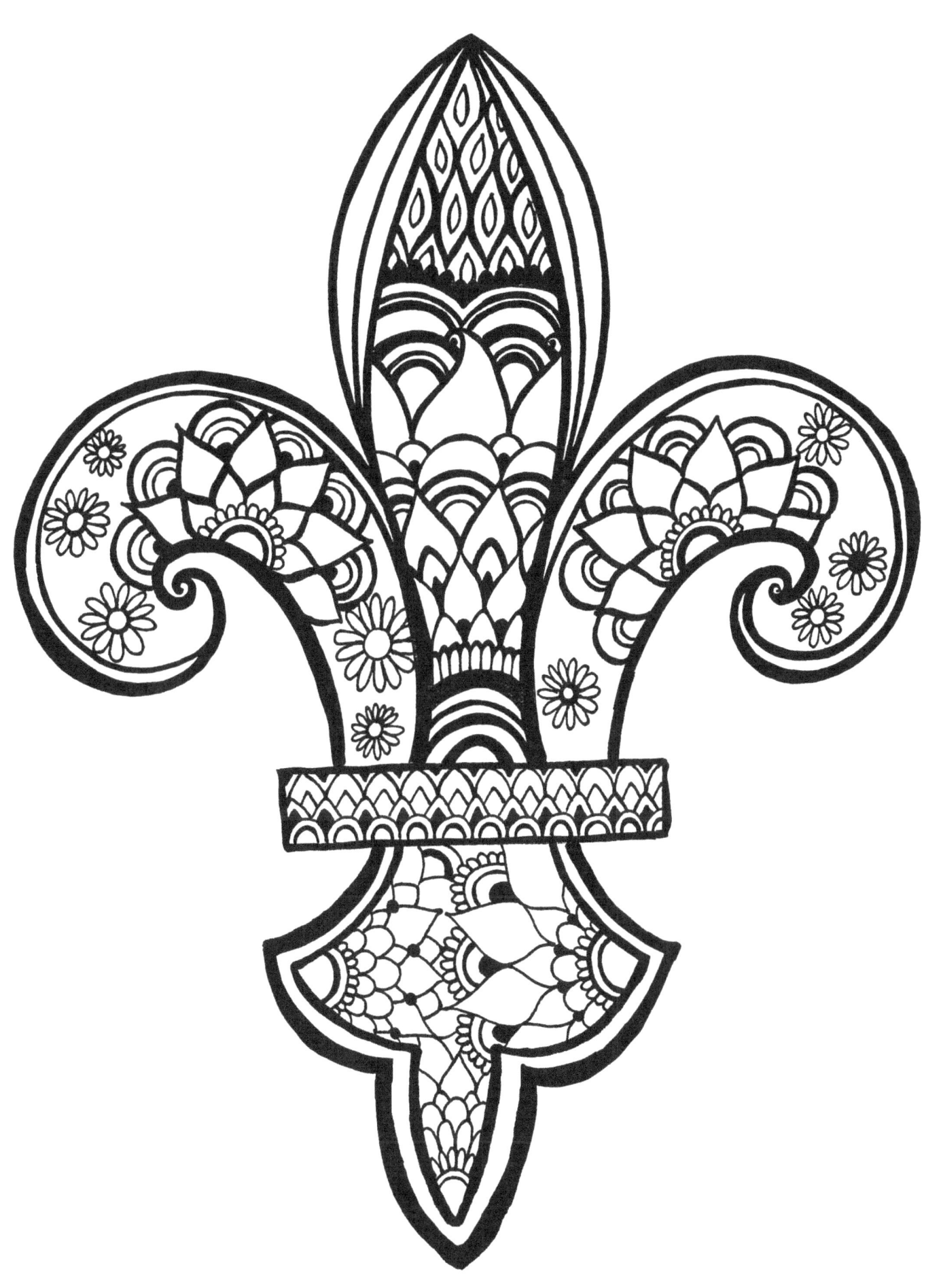

Fleur-de-Lys

The fleur-de-lys, a symbol of the French presence in North America, has featured on the Québec flag since 1948 and appears on the flags of several other French-speaking communities in Canada and the United States.

La fleur de lys, symbole de la présence française en Amérique du Nord, figure sur le drapeau du Québec depuis 1948 et sur les drapeaux de plusieurs autres communautés francophones du Canada et des États-Unis.

(Source: Wikipedia + https://www.thecanadianencyclopedia.ca/en/article/fleur-de-lys)

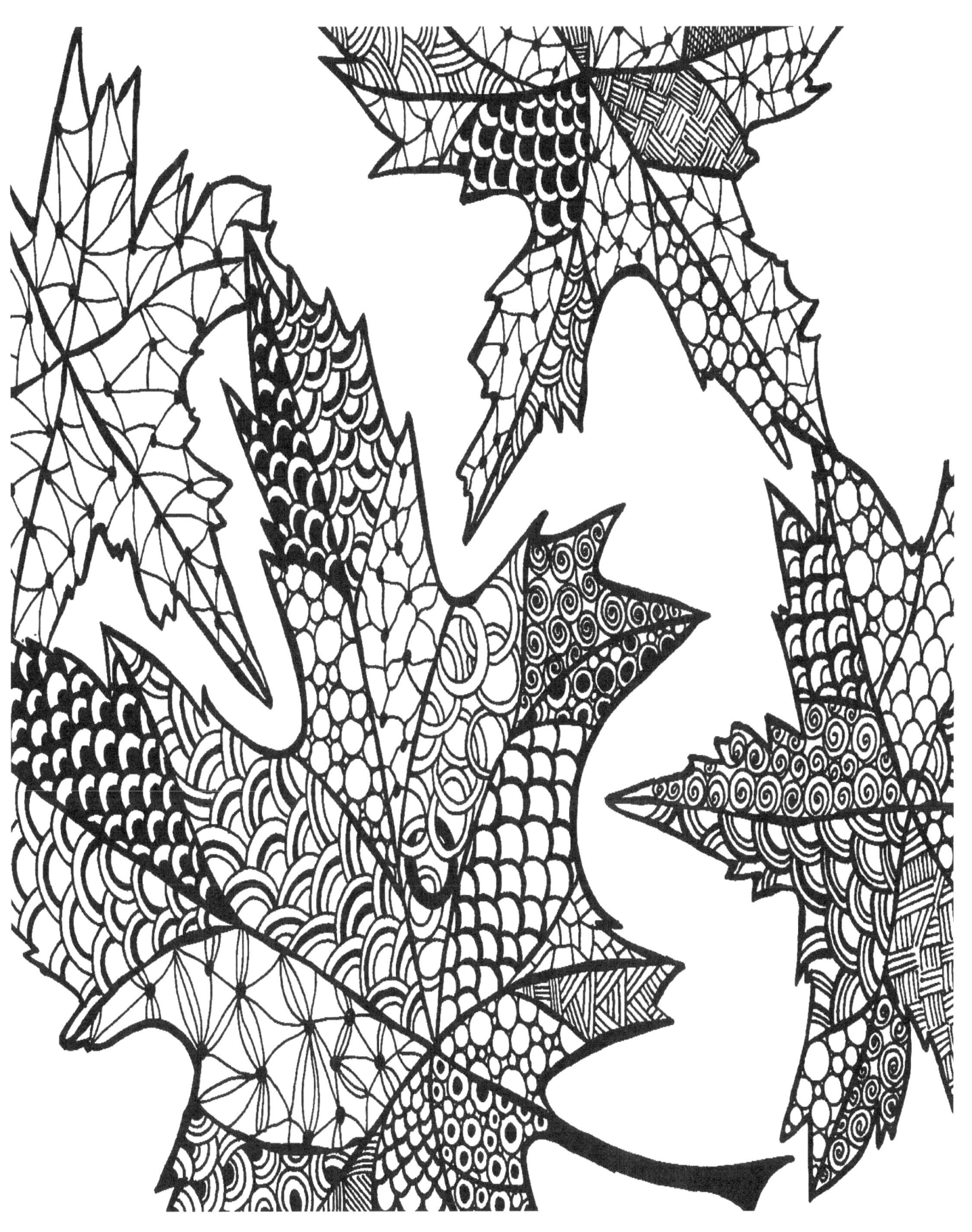

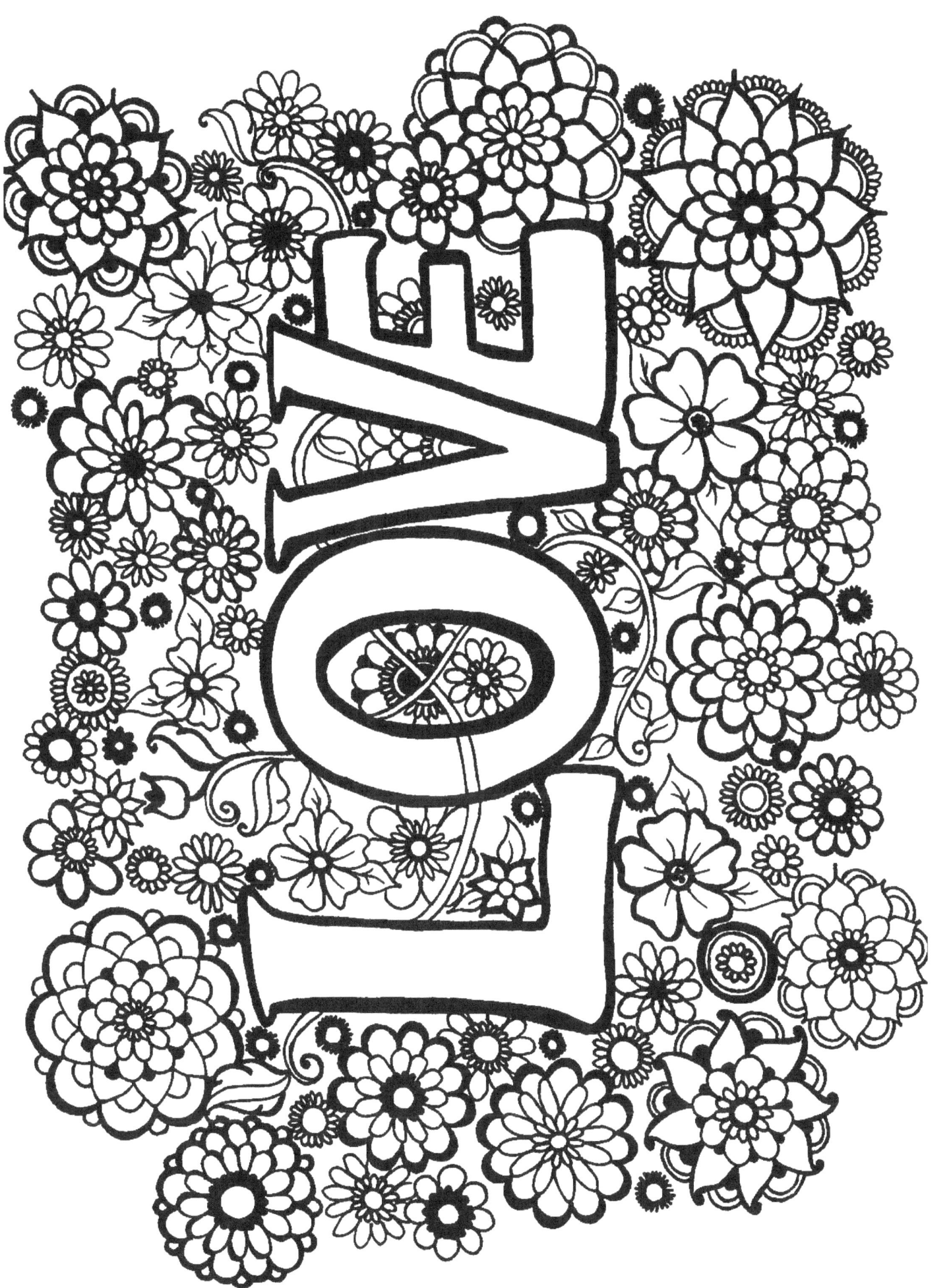

About You-Color and Nancy Béliveau, Artist and CEO:

Over years of working in a corporate environment in Montreal, Nancy discovered the benefits of coloring to relax and recharge from the go-go demands of work and a modern lifestyle. As an artist, Nancy was soon creating her own art for others to color and enjoy the benefits from the activity of coloring Finally, she left her corporate job to establish You-Color. This way she can respond to a growing demand for her coloring books. Today, you can find many of her coloring books on Amazon.com

À propos de You-Color et de Nancy Béliveau, artiste et chef de l'entreprise:

Au cours de nombreuses années à travailler au sein d'une entreprise corporative montréalaise, Nancy a découvert les avantages de l'activité du coloriage pour adultes, comme moyen de se détendre et de se ressourcer afin de faire face aux exigences du travail et à un style de vie moderne. En tant qu'artiste, Nancy a rapidement créé ses propres œuvres pour que les autres puissent les colorier et apprécier les bénéfices de cette activité - Finalement, elle a quitté son travail pour créer You-Color afin de répondre à la demande croissante pour ses livres à colorier. Aujourd'hui, vous pouvez trouver plusieurs de ses livres à colorier sur Amazon.com.

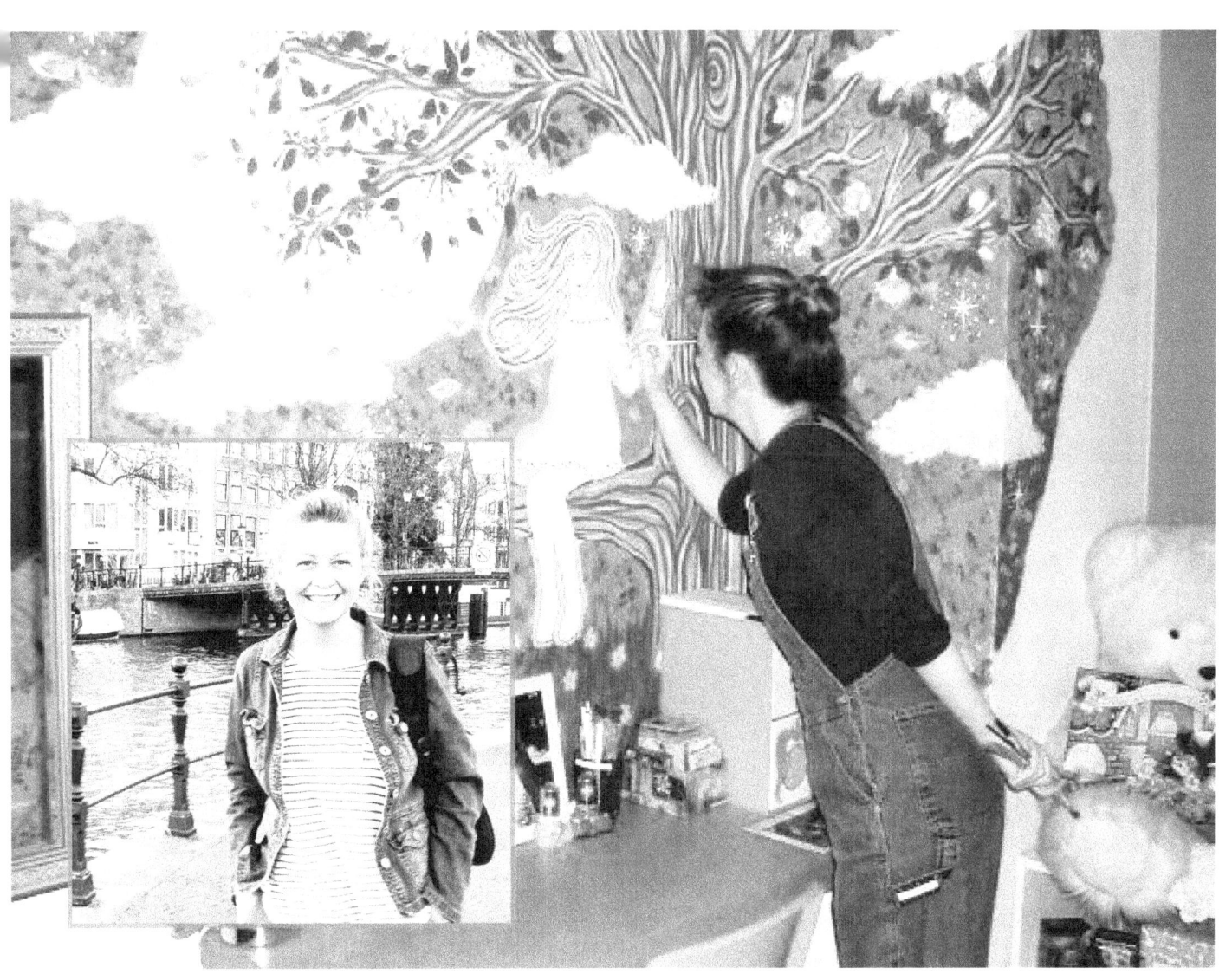